日本汉学家
『近世』中国研究丛书

朱　刚　李　贵　主编

禅思想史讲义

〔日〕小川隆　著

彭　丹　译

复旦大学
出版社

本书由上海文化发展基金会图书出版专项基金资助出版

# 目　　录

# 凡　　例

　　1）根据原书作者意向,中文版在日文版原书上有所加笔。

　　2）日本版原书没有注释,中文版由译者加上了简单的注。

　　3）中文版收入了日文版原书所没有的两篇附录(附录原文即为中文)。

前　言

大家好！这次讲义我准备分成四讲阐述禅的思想史：

第一讲　初期禅
第二讲　唐代禅
第三讲　宋代禅
第四讲　20 世纪的禅

这次讲义，既不是一部包罗禅宗万象的通史，也不是面面俱到的禅宗教科书。这次讲义的目标是尽可能用最简洁的语言阐明禅宗思想史的基本演变过程。我要描绘的不是精密细致的写实画，而是一幅用粗线条漫画般勾勒出的禅宗思想史轮廓图。

首先我想问问大家，当你听到"禅"这个字时，脑海里浮现的是什么呢？

很多朋友也许会说，至今为止和"禅"无缘，所以没什么感觉。这样的回答也许占多数。

不过最近，因为美国苹果公司创始人史蒂夫·乔布斯先生（Steve Jobs）的影响，很多朋友开始对"禅"产生兴趣。一个中国留学生告诉我，据网上消息，"iPad""iPhone"的"i"特地使用小写字母，就是为了表示对大写字母"I"的否定。"I"的意思是"我"。对"I"的否定就代表了对自我的否定。不用"I"用"i"，也就是佛教"无我"思想的表现。这个说法倒是挺有意思的。不过是否真是如此呢？

有一次，我在课堂上做了个调查，让学生们把听到"禅"这个字时浮现在自己脑海中的影像写下来,不论什么都可以。

有一位女同学写了这样一句话:

> 我在山中正安静地坐着,有个和尚走过来,用木板拍
> 了我一下。

原来这位女同学小时候参加学校夏令营时,曾经有过在山庙里坐禅的体验。她写的就是当时坐禅的情景。很有意思的是,留在她记忆中的是"木板",而不是"木棒"。

禅宗里有称为"警策"的东西——警策,前端扁平,从外形来看比起"棒"来的确更接近"板",打下去会发出"啪"的声音。电视上如果有坐禅的镜头出现,则一定会有警策登场。似乎没有警策的"啪",坐禅的镜头也就不像坐禅了。

提到"禅"或者"禅宗",我想大家首先会想到坐禅。日本的国语辞典的确也是这样解释"禅宗"的:"佛教流派之一,通过坐禅开悟,以体会人生真谛。"(三省堂《新明解国语辞典》第五版)不只是国语辞典,连著名的佛教辞典也是这样说明的:

> 【禅宗】通过坐禅、内观的修行方式来悟取人心本性的
> 宗派。
>
> (中村元《佛教语大辞典》)

不过,这样的说明与我们从禅宗文献中所感受到的印象相差甚远。

翻阅中国的禅宗语录,我们可以知道,禅宗的兴起其实正是基于对这种坐禅开悟思想的批判。当然,禅宗语录中并不是没有坐禅时的问答记录,历代禅僧也有很多关于坐禅方法和坐禅心得的著述。所以说,禅僧并不是不坐禅,我也丝毫没有要否认坐禅在禅宗中所占的重要位置的意思。但是,尽管如此,在翻阅中国的禅宗语录之后,我还是不得不承认:对坐禅的否定,以及对日常生活行为的直接肯定,才是构成禅宗思想史的基调。

唐代禅僧南岳怀让和马祖道一之间有段著名的对话，正好说明了这个问题：

> 怀让禅师在南岳的时候，年轻的马祖也在南岳结庵修行。
>
> 看到马祖每天只管坐禅，怀让问他说："你在这里干什么？"
>
> "坐禅。"
>
> "坐禅为了什么？"
>
> "为了成佛。"
>
> 又一天，怀让拿了一块砖，在马祖庵前开始唰唰地磨起来。
>
> 马祖问："磨它有什么用？"
>
> 怀让回答说："为了磨成一面镜子。"
>
> "磨砖为什么能成镜子？"
>
> "那坐禅又为什么能成佛呢？"
>
> "如此说来，那该怎么办好呢？"
>
> "正如使牛拉车一样，如果车不前进，打车好呢，还是打牛好呢？"
>
> 听到怀让禅师的这句话，马祖顿时恍然大悟。于是投到怀让门下，后来继承了怀让的衣钵。"马将踏杀天下人"，正如这句西天祖师的预言一样，日后马祖创立的南宗禅在江西地区日渐兴隆起来。①

故事中怀让禅师的回答来自佛经《大庄严经论》中的比喻，

---

① 原文：南岳让禅师居南岳时，马祖在彼住庵，日唯坐禅。师因往问云："在此何为？"祖云："坐禅。"师云："坐禅何所图？"祖云："图作佛。"师一日将砖一片于庵前磨。祖云："磨此何为？"师云："要作镜。"祖云："磨砖岂得成镜？"祖云："坐禅岂得成佛？"祖云："如何即是？"师云："如人驾车，车若不行，打车即是？打牛即是？"祖于是悟旨于言下，遂印心传法。符西祖之谶马驹踏杀天下人之语，南宗阐于江西。

《禅林类聚》卷16"镜扇"，《续藏经》本）

原意是试图用身体的苦行来消除心中的烦恼,这种想法犹如牛车停止不前时,不用鞭子打牛而去打车一样,只能起到南辕北辙的效果。

怀让禅师用佛经里的比喻来说明坐禅成佛是莫大的误会。自己本来就是佛,哪里还用得着需要通过坐禅来成佛呢?

这个故事所要表达的意义在唐代《寒山诗》中也有体现。《寒山诗》中的诗都没有题目。不过下面这首诗倒是可以给它加上一个标题——"作佛"。这样一来其意思就明确了。

寒山咏道,想成佛就好像是——

| | |
|---|---|
| 蒸沙拟作饭 | 肚子饿了蒸砂砾当米饭, |
| 临渴始掘井 | 口渴了才开始打水井。 |
| 用力磨碌砖 | 就算是用尽所有力气磨石砖, |
| 那堪将作镜 | 可是那又如何能使它变成一面镜子呢? |
| 佛说元平等 | 佛说,本来人人皆平等, |
| 总有真如性 | 众生都具有真如的法性。 |
| 但自审思量 | 只要仔细思量思量, |
| 不用闲争竞 | 用不着为成佛而拼来拼去。 |

（入矢义高《寒山》,岩波书店,《中国诗人选集》5,1958 年,162 页）

通过坐禅,以得开悟,然后成佛——这样的想法好比磨"砖"成"镜"一样,实在是本末倒置,不值一提。

"佛说元平等,总有真如性。"任何人都具有完美的本性。因为具有这个本性,人就与佛同。这是中国禅宗的大前提。

当然,怀让禅师的意思并不是否定坐禅,也并不是说坐禅这个手段对于"成佛"这个目标是无效的。怀让禅师的本意是说,"成佛"这一目标的设定本身就是荒唐的。人人本来自身即佛,自己既然已经是佛了,却还要求"成什么佛"呢? 这真是天通过坐禅,得以开悟,原本不是佛的,最终成为佛——作为这种思想的反命题成长发展起来的便是中国的禅宗。简单说来就是从"自身成佛"到"自身即佛"的转换,中国禅宗的着眼处恰恰就在这里。

自己本来就是佛,在这个共通的思想前提下,如何认识其"本性",以及如何把握"本性"与自身的"现实态"之间的关系——也就是说,"现实态"的自身如何体现本来具有的"佛"的"本性",或者说,作为"佛"的自己如何经营每天的日常生活——对这一命题,存在着不同的见解以及把握方式,因而衍生出了禅宗的不同宗派和各个时代的变化。简而言之,是自然随意地、原封不动地、就这样直接肯定现实态的自身就是"佛"呢,还是先否定现实态的自身,在对现实态的自身的超越上找到作为"佛"的本性的自己呢?

这两条轴线之间的对立、交错以及融合的种种变动,也就形成了禅宗思想史的长河。

从以上观点出发,我希望通过这次讲义能够给禅宗思想史勾画出一个大致的轮廓。

# 第一讲

"北宗"和"南宗"——敦煌文献和初期禅宗

# 一、传灯系谱以及敦煌禅宗文献的发现

### 1. 传灯系谱

关于禅门传承，人们一直以来习惯于用"师资相承""以心传心"等语句来描述禅的历史。禅法由师心到弟子（资）心，不经过其他任何中介直接相传，代代相传。传承过程犹如将一支蜡烛的烛光移到另一支蜡烛上一样，灯灯相续，故而称之为"传灯"。这种传承关系还被比作人与人之间的血脉相承关系，所以又称为"法系"或"法脉"。

以下是道元禅师《办道话》中的一段话，传统上的禅宗传灯系谱就是在这个框架中世代流传下来的：

> 最初是佛祖释迦牟尼在灵鹫山上将佛法传给摩诃迦叶，之后代代相传，直到菩提达摩尊者。达摩尊者亲自来到中国，将佛法传给二祖慧可大师。这就是佛法初来东土。慧可大师又继续把佛法传下去，直到六祖大鉴慧能禅师。至此时，佛法才终于在东土中国扎下根来，并开始广泛传播。当时六祖门下有两位弟子——南岳怀让禅师和青原行思禅师。他们两位承袭了真正的佛法，堪称人间界、天上界的大导师。两派在后来的传承过程中，又派生出五个门派，即法眼宗、沩仰宗、曹洞宗、云门宗和临济宗。如今的大宋国内，临济宗大兴，遍满天下。不过，虽有五宗之别，但五宗所传只有一事，即佛心。

【资料1】大师释尊，灵山会上付法迦叶，祖祖正传而至菩提达摩尊者。尊者亲赴神丹国，付法慧可大师，是东

11

地佛法传来之始也。如是单传,自至六祖大鉴禅师。是时,真实之佛法,方流演东汉,不拘节目之旨,于焉而显。于时六祖有二神足,为南岳怀让、青原行思。皆传持佛印,同为人天导师。其二派流通,善开五门,为法眼宗、沩仰宗、曹洞宗、云门宗、临济宗也。现在大宋国,独临济宗遍于天下。五家虽异,唯一佛心印也。

（何燕生译注《正法眼藏》,宗教文化出版社,2003 年,2 页）

以上记述中有些名字或许对于大家来说比较生疏,不过大可不必在意。[①]

以上叙述可以简单表示如下:

```
                    （1）  （28）
                    摩诃   菩提      二祖      六祖
释迦牟尼  ……  迦叶 ……  达摩  ……  慧可  ……  慧能
                    〈1〉      〈2〉      〈6〉
```

```
                              南岳    （沩仰宗）
                              怀让    （临济宗）

                              青原    （曹洞宗）
                              行思    （云门宗）
                                      （法眼宗）
```

1953 年,中国学者胡适（1891—1962）在台北举行的"禅宗史的一个新看法"演讲中,对禅宗历史的传统解释作了这样一个概括:

印度有二十八个祖师,从释迦牟尼起。释迦牟尼有一天在大会场上,拿了一枝花不说话。大家不懂什么意思。其中有一个大弟子大迦叶〔摩诃迦叶〕懂了,笑了一笑。释迦牟尼看到他笑,便说大迦叶懂了我的意思。禅宗就是这

---

① 译者注:道元禅师（1200—1253）,日本曹洞宗开山祖师。1223 年入宋,历游天童、径山、阿育王等南宋各大禅寺,后在天童如净禅师处开悟并承其衣钵,回日本后开创永平寺。

样开始的。〔法〕由释迦牟尼传给大迦叶,一代一代传下去。传到菩提达摩,变成了中国禅宗第一祖。

(《胡适的声音 1919—1960:胡适演讲集》,广西师范大学出版社,2005 年,157 页,〔 〕中为笔者补注)

这就是著名的"拈花微笑"的故事。

以一枝花为媒介,在沉默与微笑之间,真正的佛法便通过"以心传心"的方式,由释尊之心直接传到迦叶尊者之心。就这样,迦叶尊者成为禅宗的第一代祖师。佛法在西天(印度)代代相传,终至第二十八代祖师菩提达摩("达摩"又写作"达磨"。大致的倾向是唐代文献中多为"达摩",宋代以后多为"达磨")。

达摩接受师命,远渡重洋来到中国。时值中国南北朝时代。达摩首先与南朝的梁武帝进行了一番交谈。结果二人话不投机,于是达摩一苇渡江,北上来到嵩山少林寺。在这里,达摩面壁静坐九年,终日沉默无语。

这时,有个叫慧可的中国僧人前来求教。慧可显出一副很苦恼的样子,可是达摩仍然默默坐禅,连头也不回一下。于是慧可拿出一把刀来,斩断自己的左臂,以示求道之心的坚决。达摩终于开口说话了。两人在一番问答之后,达摩将法传与慧可。这就是"慧可断臂"的故事。日本画家雪舟的名作《慧可断臂》画的也就是这个故事。(汉语的"臂"指胳膊,日本动画片《鉄腕アトム》在中国译为《铁臂阿童木》。日语的"臂"是肘的意思。)

就这样,达摩成了唐土(东土)也就是中国禅宗的初祖,慧可为二祖。中国的禅宗按"初祖达摩——二祖慧可——三祖僧璨——四祖道信——五祖弘忍——六祖慧能"的顺序传承下来("慧可""慧能"在唐代多写作"惠可""惠能",宋代以后多为"慧可""慧能")。这和前述的"西天二十八祖"合起来,称为"西天二十八祖,唐土(东土)六祖",或者是"西天四七,唐土(东土)二三"。

13

　　五祖传法给六祖是个很有名的故事。故事曲折漫长，这里用《禅林类聚》（元代编撰的关于禅宗故事和名言的类书）中的记述作个简单的介绍：

　　六祖慧能大师，年轻时家中很贫穷，靠砍柴赡养老母。由于一些因缘，慧能为求佛法，千里迢迢来到五祖弘忍禅师那里。

　　五祖问："你从哪里来？"

　　"从岭南来。"

　　"为何事而来？"

　　"只为了一件事，成佛。"

　　"岭南人没有佛性，如何能成佛？"

　　"人有南北之分，难道佛性也有南北之分么？"

　　五祖发现慧能不是寻常之人，于是故意大声训斥说："到槽厂（碓房）劳动去！"

　　于是慧能留下来，来到磨坊开始腰石舂米。

　　一天，五祖让门下的弟子们作偈，并说将从中挑选自己的衣钵传人，授予其释尊传来的袈裟和正法。

　　于是大弟子神秀呈上自己作的偈：

　　身是菩提树　　　此身就是菩提树，

　　心如明镜台　　　此心就如明亮的镜台。

　　时时勤拂拭　　　时时刻刻辛勤拂拭，

　　莫遣惹尘埃　　　别让它沾上一点尘埃。

　　慧能听到神秀的偈，和了一首说：

　　菩提本无树　　　哪里有菩提树，

　　明镜亦非台　　　哪里又有明镜台。

　　本来无一物　　　本来就什么都没有，

　　何处惹尘埃　　　尘埃又从何处来。

　　听到慧能的偈，五祖知道慧能已经开悟，不过当时五祖什么也没有说。夜里，五祖把慧能叫到自己房中，将佛法以及作为传法证据的袈裟、铁钵秘密授予慧能，命慧能即刻渡江南行，翻过大庾岭回曹溪，以弘扬东山法门。

---

【资料2】 六祖大师，家贫，卖薪养母。因往五祖求法。祖问："汝自何来？"师云："岭南来。"祖云："欲须何事？"师云："唯求作佛。"祖云："岭南人无佛性，若为得佛？"师云："人有南北，佛性岂然！"祖知异器，乃呵云："着槽厂去。"师遂入碓坊，腰石舂米。因五祖示众索偈，欲付衣法，堂中上座神秀大师呈偈，云："身是菩提树，心如明镜台。时时勤拂拭，莫遣惹尘埃。"师闻，乃和之，云："菩提本无树，明镜亦非台。本来无一物，何处惹尘埃。"祖默而识之。夜呼师入室，密示心宗法眼，传付衣钵，令渡江过大庾岭，南归曹溪，开东山法门。

（《禅林类聚》卷8祖偈，《续藏经》本）

---

"岭南"指五岭山脉之南，中国大陆的最南端，现在的广东省、广西壮族自治区一带。今天这一地域是经济发达区，不过在唐代却是文化落后的蛮夷之地。

传灯系谱中记载了许多丰富多彩的故事，这里就不多谈了。

把以上所说归纳起来，加上几个人名，我想大致可以用下图来表示。这里仍然有些大家不熟悉的名字，不过别介意。传灯系谱其实就和家谱一样，将禅宗历史一代一代的传承记录下来。大家只要理解到这点就足够了。庞大的禅宗文献其实也都是在这个框架中诞生出来的。

"西天二十八祖"：
释尊—1摩诃迦叶—2阿难…28菩提达摩（达摩）

"唐土六祖"：

初祖菩提 ── 二祖惠可 ── 三祖 ── 四祖 ── 五祖 ┬ 神秀　（北宗）
达摩（达磨）　（慧可）　　僧璨　道信　弘忍 │
　　　　　　　　　　　　　　　　　　　　　└ 惠能
　　　　　　　　　　　　　　　　　　　　　　（慧能）　（南宗）

"五家"：

　　　　（南岳系）
　　┌ 南岳 ── 马祖 ── 百丈 ┬ 沩山─仰山慧寂　（沩仰宗）
　　│　　　　　　　　　　　└ 黄檗─临济义玄　（临济宗）
六祖│
慧能│　　　　　　　　　　药山─云岩─洞山 ┬ 曹山本寂
　　│　　　　　　　　　　　　　　　　　　└ 云居道膺　（曹洞宗）
　　└ 青原 ── 石头 ┤
　　　（青原系）　　　天　龙　德　雪 ┬ 云门
　　　　　　　　　　　皇　潭　山　峰 │ 文偃　（云门宗）
　　　　　　　　　　　　　　　　　　└ 玄沙…法眼
　　　　　　　　　　　　　　　　　　　师备　文益　（法眼宗）

## 2. 敦煌文献的出土

可是没想到的是，以上禅门传承系谱却在 20 世纪初期被完全推翻。原因是当时发生了一件大事，就是敦煌禅宗文献的发现。

仔细说来，敦煌禅宗文献的发现分为两步。第一步是敦煌文献的出土。

时值 20 世纪初，中国清朝末年的 1900 年——具体年代也有其他说法——在敦煌的一个石窟，也就是现在被编号为第十六窟的大石窟中，道士王圆箓偶然发现石窟甬道夹壁里竟然有个密室。他打开密室一看，里面中古时代所写的卷子堆积如山。这个密室现在被编号为第十七窟，因为是收藏经典的洞窟，所以也叫"藏经洞"。

至于密室如何被发现，世间众说纷纭。有说是因为佣人吸烟时烟雾被墙壁吸进去了，另有说是因为打扫灰尘时墙壁突然间倒塌了，等等。反正无人亲眼见到，所以孰真孰假就不得而知了。

就这样过了几年。首先是 1907 年，英国的探险家斯坦因找到王道士，两人之间作了一番讨价还价后，斯坦因购买了大量卷子带回伦敦。斯坦因的收获在欧洲引起了轰动。听到消息的法国汉学家伯希和随即在第二年匆匆赶到敦煌。凭着自己精通汉语的优势，伯希和细细挑选了大批史料价值极高的卷子带回巴黎。

斯坦因带走的敦煌文献，以"S.～"编号，现收藏在伦敦大英博物馆。伯希和带走的敦煌文献，以"P.～"编号，现收藏在巴黎国立图书馆。

后来，被挑剩的经卷全部由清政府接管，收藏在北京京师图书馆，也就是现在的中国国家图书馆。另外，日本的大谷探险队以及俄罗斯的奥登堡探险队也拿到了一部分，还有一部分散失在民间。大谷探险队拿走的被收藏在旅顺博物馆，二战后很长时间内不知去向。近年它们突然浮出水面，现收藏在北京的国家图书馆（其中包括长期以来去向不明的《六祖坛经》）。

由于这些经历，敦煌文献分散在世界各地，这使得对它的研究也变得极为复杂和困难。不过也正因为如此，才形成了覆盖全世界的、国际化的、多姿多彩的"敦煌学"。

当然，对于中国来说，这是一段不堪回首的屈辱历史。中国著名历史学家陈垣将保存在北京的敦煌文献的目录取名为《敦煌劫余录》，劫后余生的目录之意。为此书撰写序文的是另一位著名历史学家陈寅恪，文中"或曰，敦煌者，吾国学术之伤心史也"，是常常被提及的名句：

　　"敦煌者，吾国学术之伤心史也"这句话，曾经在"文革"后的很长一段时间里，被当做陈寅恪的名言，鼓励了许多年轻学子，抱着爱国主义的热情，去努力奋斗，去改写我国敦煌学的伤心史。事实上，寅恪先生说这是"或曰"，也就是某些人的说法。具体说来，应当就是陈垣和他所代表的一些学者的说法。……寅恪先生的确是不同意陈垣"劫余"的说法,他明确声称:"是说也,寅恪有以知其不然,请举数例以明之。"下面更是举出一系列北图所藏有价值的写本,来反驳上述看法。由此我们不难想象,这篇序言恐怕就是陈寅恪代表史语所方面针对"劫余"的说法而写的不同意见。然而,对陈寅恪所谓"伤心史"的误读,对于一九八〇年代以来的中国大陆敦煌学界来说,并非一件坏事,它确实推动了敦煌学在大陆的突飞猛进,促成中国敦煌吐鲁番学会的成立,一批学术专刊、杂志陆续面世出版,也成长起一批优秀的敦煌学人才。

> (蔡鸿生、荣新江、孟宪实读解《中西学术名篇精读　陈寅恪卷》,中西书局,2014 年,48 页)

### 3. 敦煌禅宗文献的发现

敦煌文献出土之后,第二步便是敦煌禅宗文献的发现。也就是中国学者胡适,从出土的敦煌文献中发现了大量的、在当时不为人知的禅宗文献。

胡适晚年时常提起当时的情况。这里我想介绍的是 1952 年 12 月,胡适在台湾大学作的"治学方法"演讲中的一段。演讲稿中提到的"庚子赔款"是指 1900 年(庚子年)义和团事件后清政府对侵华各国支付的赔偿金。

> 1926 年,我第一次到欧洲,是为了去参加英国对庚子赔款问题的一个会议。不过那时候我还有一个副作用(我自己认为是主要的作用),就是我要去看看伦敦、巴黎两处所藏的史坦因(Stein)、伯希和(Pelliot)两位先生在中国甘肃省敦煌所偷去的敦煌石室材料。

> (《胡适的声音 1919—1960:胡适演讲集》,广西师范大学出版社,2005 年,126 页)

胡适在文中用的也是"偷去"一词。对敦煌文献和禅宗史作了一番简要介绍后,他继续说:

到了英国,先看看大英博物院。头一天一进门就看见一个正在展览的长卷子,就是我要找的有关材料。后来又继续找了不少。我到法国的时候,傅斯年先生听说我在巴黎,也从德国柏林赶来。我们两个人同住在一个地方,白天在巴黎的国家图书馆看敦煌的卷子,晚上到中国馆子吃饭,夜间每每谈到一两点钟。现在回忆起当时一段生活,实在是很值得纪念的。在巴黎国家图书馆不到三天,就看见了一段没有标题的卷子。我一看,知道我要的材料找到了,那就是神会的语录,他所说的话和所做的事。卷子里面常提到"会",虽然那还是没有人知道过,我一看就知道是神会,我走了一万多里路,从西伯利亚到欧洲,要找禅宗的材料,到巴黎不到三天就找到了。过了几天,又发现较短的卷子,毫无疑义地又是神会有关的。后来我回到英国,住了较长的时期,又发现一个与神会有关的卷子。此外还有与那时候的禅宗有关系的许多材料。我都照了像带回国来。四年之后,我在上海把它整理出版,题为"神会和尚遗集"。我又为神会和尚写了一万多字的传记。这就是中国禅宗北伐的领袖神会和尚的了不得的材料。我在巴黎发现这些材料的时候,傅先生很高兴。

（《胡适的声音 1919—1960：胡适演讲集》,广西师范大学出版社,2005 年,131 页）

这一席话,就是时隔几十年后的今天,也让人听得热血沸腾。就这样,胡适的著作《神会和尚遗集》于禅宗文献发现四年后的民国十九年,也就是 1930 年得以刊行（亚东图书馆）。《神会和尚遗集》卷首即为《荷泽大师神会传》。笔者译注《胡适〈荷泽大师神会传〉》上、下,分载于《驹泽大学禅研究所年报》1990年创刊号、1991年第2号。)

受到胡适研究的刺激,日本学者铃木大拙也开始将目光转移到新出的敦煌禅宗文献研究中。于是,与佛教宗门研究的传统"宗学"截然不同的、作为20世纪新学问的、近代学术的"禅宗史"研究,就从这里开始起步。

# 二、"北宗"和"南宗"

## 1. 武则天和"东山法门"

那么,敦煌出土的这些禅宗文献新资料所揭示的禅宗史又是怎样的一部历史呢?

禅宗还只是处在传说时代的故事,我们在这里暂且不提。禅宗作为一个社会实体正式登上中国历史舞台是在初唐武则天时代。其中的重要人物就是我们在前面"传灯"故事中提到的神秀。故事中的神秀由于没能继承五祖弘忍的衣钵而显得有些黯然无光。但那只不过是后世编造的故事,而史实正好与之相反。

神秀是初唐时代有名的高僧,连唐王朝正史《旧唐书》都为他立传。所谓正史,是指中国各王朝编写的官方史书(唐王朝的正史有《新唐书》和《旧唐书》两种)。正史能为其立传,可见不是一般人物,作为僧人,就更少见了。《旧唐书》中为三位僧人立传,其中之一就是神秀,另一位是编制《大衍历》的一行,还有一位就是三藏法师玄奘。提到玄奘,即便是不了解佛教的人都知其大名。而神秀能够与玄奘一同出现在官修正史中,这足以想见他在唐王朝历史上的重要性。

武则天用破格的待遇将神秀请到宫中,对他顶礼膜拜,并虔诚地表示愿意皈依。于是,"1 达摩——2 慧可——3 僧璨——4 道信——5 弘忍",尊奉这一系谱的禅宗集团——神秀等自称为"东山法门"——也就从此开始风行天下,势力不断强大,权威也越来越高。

所谓"东山",是五祖弘忍禅师所住的山名。也就是说,初唐时代,禅宗崭露头角的时候,五祖的正统继承人、"东山法门"的正统代表者,毫无疑问是神秀。神秀在长安、洛阳两都深得武则天、中宗、睿宗三代帝王的尊崇,被称为"两京法主,三帝国师"。神秀圆寂后,弟子普寂和义福继续得到唐王朝帝王的皈依,在长安、洛阳一带拥有强大的势力。

### 2. 神会的"北宗"批判

可是,就在普寂的威名如日中天的唐开元二十年(732),突然冒出了一个叫神会的僧人。当时还只是一个无名僧人的神会,却开始对普寂一派猛烈抨击。

胡适在巴黎的敦煌文献中发现的,正是有关这位神会的法会和问答的记录。胡适在《禅宗史的一个新看法》演讲中讲述了发现该资料的经过:

> 武则天久视元年(公元 700 年),下诏召请一个楞伽宗〔即东山法门〕的有名和尚神秀到京城来。他那时已九十多岁了。他是全国闻名的苦修和尚。他由湖北经洛阳,到两京时,武则天和中宗、睿宗都下跪迎接,可见其声望之大。他在两京住了六年就死了。在那个时期里,他成了"两京法主,三帝国师"。死后,长安城万人痛哭,送葬僧俗,数逾千万。当时的大名人张说给他写碑,叙述他是菩提达摩的第六代。神秀死后,他的两个大弟子普寂、义福继续受帝后尊崇。这个时期,是楞伽宗的极盛时期。开元

二十二年(公元 734 年),忽然有一个在河南滑台寺的南方和尚神会,出来公开指斥神秀、普寂一派"师承是旁,法门是渐"。指明达摩第六代是慧能不是神秀,慧能才是弘忍的传法弟子。而慧能和神会是主张顿悟的,有人对神会和尚说:"现在是神秀、普寂一派势焰熏天的时候,你攻击他,你不怕吗?"神会回答说:"我为天下定宗旨,辨是非,我不怕!"那时神会和尚已经八十多岁了。从公元 734 年到 755 年,这二十多年间,神会敢出来和全国最崇敬的湖北神秀和尚挑战,说出许多证据,攻击为帝王所尊重的宗派,并且为人佩服:这是为他可以举出弘忍半夜传给他老师的袈裟为证的缘故。那时神秀已经死了,他的两个大弟子义福(死于 732 年)、普寂(死于 739 年)又先后死了,没有人和他反辩。反对党看他的说法很动人,却害怕起来,于是告他聚众,图谋不轨。经御史中丞卢奕提出奏劾,皇帝乃将神会贬逐南方。最初由洛阳贬逐到江西弋阳,以后移到湖北武当、襄阳、荆州等地。三年中贬逐四次。可是反对党愈压迫,政府愈贬逐,他的声望愈高,地位愈大!

(《胡适的声音 1919—1960:胡适演讲集》,广西师范大学出版社,2005 年,161 页,( )内为原文,〔 〕内为引用者所加)

关于神会的传记资料有好几种,每种记录多多少少都有些不同,所以大家对这里出现的年代、年龄不必太在意。作这个演讲时,胡适参考的是《宋高僧传》。但后来,尤其是对神会的生卒年以及召开法会的年代等,他自己又提出了新的说法。而且,由于新资料不断被发现,胡适独自的考证结果后来也屡经修改,还有的甚至被彻底否定。不过这个问题我们在这里就不去深究了。

　　这里最重要的是,神会对神秀、普寂一派的批判被概括成

"师承是旁,法门是渐"一句话。本来这是中唐名僧宗密在神会
传记中所用的语句。自我标榜继承了神会禅法的宗密不愧是
华严宗的著名义学僧,精要准确地指出了神会批判的核心论点
之所在。

### 3. "师承是旁,法门是渐"

所谓"师承是旁",是说神秀、普寂一派的法系是旁系。也
就是说,1 达摩——2 慧可——3 僧璨——4 道信——5 弘
忍——6 慧能,这一法系才是唯一的、正统的直系,而神秀一派
不过是旁系。这是神会的主张。

神会将广东慧能的法门称为"南宗",神秀、普寂的法门称
为"北宗"。慧能所在的广东位于中国的南方,相反,神秀一派
长期以北方的长安、洛阳为据点。所以"南宗""北宗"这样的叫
法听起来似乎也没有什么不对。

但是,"南宗""北宗"这一称呼,其实不单单是地理上的
划分。

传说初祖菩提达摩是"南天竺国"的王子,达摩的教示被称
为"南天竺一乘宗"。所以,"南宗"的称呼里还隐藏着达摩禅的
正统直系这一含义。而"北宗",自然也就是非"南宗"、非正统,暗
指旁门左道,这种说法是带有贬义的。事实上,活跃在北方的神
秀、普寂一派从未自称过"北宗",反而倒是先于神会自称"南宗"。

在现代禅宗史研究中,因为找不到更贴切的名字来称呼
它,在加引号的语意下使用了"北宗"一词。

所谓"法门是渐",是说神秀、普寂的"北宗"禅法只不过是
"渐悟",而"南宗"提倡的却是"顿悟"。"顿悟"的意思是豁然开
朗,顿然领悟。"渐悟"的意思是阶段性地、渐进式地、经过长时
间的修行逐渐领悟。显然,"顿悟"是高级的、神妙的,"渐悟"是
低级的、平庸的,这一价值判断不言而喻。

神秀的"北宗"不过是力主"渐悟"的旁系,而力主"顿悟"的慧能的"南宗",才是正宗直系——神会单方面勾画出的这一模式,通过"南能北秀""南顿北渐"这些语句广泛传播开来。前面介绍的"传灯"系谱中的故事,以及六祖慧能的种种传说等,实际上也都是后世根据这一模式编造出来的。

### 4. 关于"北宗"禅

那么,神秀一派的禅到底是什么样的禅呢?

神会随意地把神秀一派的禅统称为"北宗"。但是从敦煌出土的初期禅宗文献来看,所谓"北宗",其实并不单一,它分为多个流派,每个流派都拥有自己的文献,流派之间禅法的种类也不同,而且伴随着时代的变迁不断发生变化。

这次讲义我抽掉这些流派的多样性,把典型的"北宗"禅思想归纳为以下三点:

(1)每个人心中的,作为"佛"的本质——佛性,从一开始就以完整的形态真实地存在着;

(2)但是,在现实生活中,由于被妄念烦恼所遮蔽,佛性不能显现;

(3)因此,通过坐禅来除去妄念烦恼,久而久之,佛性自然就会显现出来。

也就是说,通过坐禅修行克服迷妄的现实态自己,使潜藏于内面的"佛性",也就是本性的自己重新显现出来。这就是"北宗"禅的主张。

比如说,敦煌出土的文献中有一本《修心要论》。此书假托五祖弘忍的名字对所谓的"北宗"系禅法进行了解说。书中有这样一段话:

问:如何知道自心本来清净?

答:《十地论》说:"众生身上皆有金刚佛性,就像太阳一样光明圆满、广大无边,只不过被层层乌云遮掩。正如瓮中油灯一样,光芒不能照耀到外面来。"也就是说,自身的清净好比太阳,俗世的云雾从四面八方涌来,天地间一片黑暗,那么太阳又如何能够光明灿烂呢!

问:那么为何无光呢?

答:光不会消失,只是被云雾遮掩了而已。一切众生的清净之心如同这太阳的光芒,只不过是被迷雾般的种种妄念所掩盖。所以只要保持自心清净,不生迷妄,涅槃的太阳自会显现。所以知道,自心本来清净。

> 【资料3】 问曰:"何知自心本来清净?"答曰:"《十地论》云:'众生身中有金刚佛性,犹如日轮体明圆满,广大无边,只为五阴重云所覆。如瓶内灯,光不能照。'以朗日为喻,譬如世间云雾八方俱起。天下阴暗,日岂烂也!""何故无光?"答曰:"日光不坏。只为云雾所映。一切众生清净之心,亦复如是。只为攀缘安念诸见重云所覆。但能显然守心,妄念不生,涅槃法日自然显现。故知自心本来清净。"①
>
> ([美]马克瑞著、韩传强译《北宗禅与早期禅宗的形成》,上海古籍出版社,《觉群佛学译丛》,2015年,140页)

云雾般的妄念烦恼掩盖了太阳般光耀的佛性。只要将云雾除去,就会重新看到太阳原本就是光芒四射的——这一比喻

---

① "烂"为光辉闪耀的意思。唐代诗僧皎然的《桃花枕歌送安吉康丞》一诗中有"烂似朝日照已舒"句。"映"为隐的意思,见王锳《诗词曲语辞例释》,中华书局,2005年第二次增订版,356页;王锳《唐宋笔记语辞汇释》,中华书局,2014年第二次修订本,260页。

频繁出现在这个时期的禅宗文献中。日本的柳田圣山①曾把它称为"北宗禅的基调"（《禅佛教的研究》,《柳田圣山集》第 1 卷,法藏馆,1999 年,232 页）。

同样的比喻在敦煌出土的"北宗"系史料《楞伽师资记》"求那跋陀罗"章中也可以看到：

> 大道宽广普遍。圆满清净是其本性,并非从外而来。宛如浮云后面的太阳,云雾散去之后阳光自然显现。所以,哪里还需要博学多识阅尽语言文字,重返生死轮回的旅途呢？凭嘴上语言传"道"的人,只不过是名利之徒,害己害人。其实这和磨镜相似。只要镜面上灰尘落尽,镜子自然就会重新明亮。

**【资料 4】** 大道本来广遍,圆净本有,不从因得。如似浮云底日光,云雾灭尽,日光自现。何用更多广学知见,涉历文字语言,覆归生死道。用口说文传为道者,此人贪求名利,自坏坏他。亦如磨铜镜,镜面上尘落尽,镜自明净。

（柳田圣山《初期的禅史Ⅰ》,筑摩书房,《禅之语录》2,1971 年,112 页）

这段话同样很形象地揭示了妄念烦恼的浮云,以及在深处闪耀着的佛性的日轮。不过有意思的是,这里同时还用了镜子和灰尘的比喻。说到镜子和灰尘,谁都会想起六祖慧能故事中神秀的那首偈颂：

> 身是菩提树,心如明镜台。时时勤拂拭,莫遣惹尘埃。

---

① 译者注：柳田圣山(1922—2006),日本中国禅宗史研究的著名学者,著有《初期禅宗史書の研究》、《初期の禅史》(Ⅰ、Ⅱ)等。

虽然故事是后世编造的，但是这首偈颂却很好地体现了"北宗"禅的修行原理和心得。坚信佛性实实在在存在于自己身上，通过坚持不懈的坐禅修行，耐心地、努力地将烦恼扫除殆尽。这就是他们的禅：非常认真的、脚踏实地的禅。

所以这一流派的人对坐禅下了不少的功夫。前面提到的《楞伽师资记》一书，书中具体介绍了各种各样的坐禅方法。这里举个简单的例子，"弘忍"章中讲述的"看一字"坐禅法：

> 坐禅时，在平地上正身端坐，身心放松，想象遥远的天尽头有个"一"字，你就远远地看着那个"一"字。这种坐禅法自有一个循序渐进的过程。初学坐禅的人由于心中杂念繁多，就先观看写在自己心中的"一"字。

> 心中逐渐变得清澈后，这时恍如在广阔的平原中矗立着一座高山，你独自一人坐于高山之巅，尽眺四方，无边无际。

> 坐在此中，你的身心就和天地同样宽广，你就进入了佛的境界——也就是法界。清净法身，无边无际，指的也就是这个状态。

---

【资料5】你坐时，平面端身正坐，宽放身心，尽空际远看一字。自有次第。若初心人攀缘多，且向心中看一字。澄后坐时，状若旷野泽中，回处独一高山，山上露地坐，四顾远看，无有边畔。坐时，满世界宽放身心，住佛境界。清净法身，无有边畔，其状亦如是。

（柳田圣山《初期的禅史Ⅰ》，筑摩书房，《禅之语录》2，1971年，287页）

---

这里利用汉字"一"的多义性，把"看一字"的坐禅修行法分为两个阶段：

（1）为了收敛杂念，想象天尽头有个横着的"一"字，凝视这

个"一"字,这是初心阶段;

（2）然后,用清澈的心看世界,整个世界成为一个整体——自己与无边无际的法界融为一体,成为全一的法身,也就是"佛的境界",这是第二阶段。

从这里我们可以看到"渐悟"法门所具有的阶段性、渐进性的性格。

其实不只是坐禅,学习、运动、艺术等都一样,活生生的人用自己的血肉之躯去做某件事情时,自然需要经过长期不懈的努力。只有随着时间的推移,自身才能得到不断的深化和提高。经历这个过程应该说是理所当然的。

初期禅宗就是这样的禅——通过坐禅这一修行方式来克服迷妄中的、现实态的自己,以回归原本就存在着的作为佛的自己。从这一点来说,最初的禅的确如中村元《佛教语大辞典》所说,是"通过坐禅、内观的修行方式来悟取人心本性的宗派"。

### 5. "顿悟"和"渐悟"

但是,神会提出"顿悟"的观点,对"渐悟"大加非难。

神会把神秀、普寂一系的禅法概括成"凝心入定,住心看净,起心外照,摄心内证"——凝心以进入三昧的境界,住心以观想清净的境界,起心以映照外在的世界,摄心以体会内面的世界。

可是,这句话从现存的神秀、普寂的教说中找不到,而且其具体意思也不太明了。总之,神会不但将神秀、普寂的禅法公式化,而且还批判说这不过是调伏其心的愚人之法。把心作为实体存在的对象摆在面前,按照凝聚、安定、净化的过程一步步将它"调伏"——换句话说就是逐步"调伏"作为客体的心——神会认为这一愚人之法违背了达摩以来六代祖师的教诲:"我六代大师,皆言'单刀直入,直了见性',不言阶渐。"（《菩提达摩南宗定是非论》）

那么,神会自身主张的禅又是怎样的禅呢? 在对"北宗"的批判法会上,神会这样说:

> "凝心入定,住心看净,起心外照,摄心内证",这种禅法只会成为菩提的障碍。现在我把"念不起"作为"坐","见本性"作为"禅",所以我不教人坐身、住心、入定。如果说"凝心入定"之类的禅法正确的话,那么当年维摩诘就不会呵斥舍利弗了。

【资料6】 若教人"凝心入定,住心看净,起心外照,摄心内证"者,此是障菩提。今言"坐"者,念不起为"坐",今言"禅"者,见本性为"禅"。所以不教人坐身住心入定。若指彼教门为是者,维摩诘不应诃舍利弗宴坐。

(《菩提达摩南宗定是非论》,邓文宽、荣新江<br>《敦博本禅籍录校》,江苏古籍出版社,《敦煌文献<br>分类录校丛刊》,1998年,46页)

"凝心入定,住心看净,起心外照,摄心内证"——这种坐禅方式,在这里,神会并没有批判说它是错误的,当然他也没有提出自己认为正确的别的坐禅法。神会只是对"坐禅"进行了阐释,"坐禅"的"坐"是指"念不起","坐禅"的"禅"是指"见本性"。

这既不是提出了某种新的坐禅法,也不是对坐禅这一修行行为重新赋与了任何新的含义。而是在使用"坐禅"这一词语的同时,神会摒弃了作为身体上的修行方式的坐禅,将"坐"和"禅"二字完全转换到精神意义的层面上来。(这一定义后来被引用在《六祖坛经》里,后世人将它理解为六祖慧能的思想。)同时,神会还举出《维摩经·弟子品》中维摩诘训斥在林中树下坐禅的舍利弗的故事来作为凭据。

神会否定"渐悟",提倡"顿悟"。可是,相对于"渐悟"的坐禅法,他却并没有提出新的"顿悟"的坐禅法,而是飞跃性地直接得出了摒弃坐禅的结论。这又是为什么呢?

事实上,神会对"北宗"的批判,并不在于坐禅的方法论和技术论的层面,而是基于更为根本的原因——对人的本质的认识差异而引起的。也就是说,"北宗"派与神会之间,对于人的本质——"佛性"及"本性"有着截然不同的认识。

以下是神会打的比方,大家可以试着与前述的太阳、浮云的比喻对照看一看:

> 给事中房琯问"烦恼即菩提"的意思。答:用虚空打个比方。所谓虚空,本来是没有任何动静的。并不是因为光明来了虚空就变得光明,因为黑暗来了虚空就变得黑暗。光明时的虚空与黑暗时的虚空是同一个虚空;黑暗时的虚空与光明时的虚空也还是同一个虚空。光明黑暗有来有去,可是虚空本身并没有任何动静。"烦恼即菩提"也是如此。迷妄与了悟,来来去去,二者之间虽有差别,可是"菩提心"却从来不曾动过。

【资料7】给事中房琯问烦恼即菩提义。答曰:"今借虚空为喻。如虚空本来无动静,不以明来即明,暗来即暗。此暗空不异明〔空〕,明空不异暗空。明暗自有去来,虚空元无动静。烦恼即菩提,其义亦然。迷悟虽即有殊,菩提心元来不动。"

(《神会语录》,石井本三九;杨曾文编校《神会和尚禅话录》,中华书局,《中国佛教典籍选刊》,1996 年,94 页)

这里的"菩提心"不是发心求菩提的意思。这里的菩提本身就是心，就是佛性，也就是本性。菩提是本性的别名。

　　神会所思考的"烦恼即菩提"，既不是将"迷"与"悟"等同置换，也不是说"迷"会转化为"悟"。而是认为，"迷"和"悟"同为在虚空般"菩提心"上来来去去的、相对的、个别的、其中之一的一个"相"而已，与"菩提心"本身并无关系。"菩提心"自身无穷尽无分节，不会因"相"的不同而有所分别。这就是"烦恼即菩提"的意思。换句话说，不论映照出来的是什么——绝世美女也好，十恶不赦的恶人也罢——荧幕自身总是一面空白。那一面空白才是自己的本性。至于荧幕上映照出的是美女还是恶人，其间的差异根本也就不是问题。

　　"北宗"所说的佛性，犹如掩藏在云雾深处的皓日。通过达到禅定的状态，驱除实际存在的迷妄（云雾），使隐藏在云雾深处真实存在的了悟（皓日）显露出来。这个解释带有浓厚的真实性。既然是要除去实际存在的顽固的烦恼，按常理就需要持续的修行。这样的修行当然需要时间和过程，这里自然就产生出渐进的禅定主义，成为踏实的、认真的、缓慢的修行过程的理论依据。

　　但是，在神会看来，不论是太阳还是云雾——也就是了悟和迷妄——都不是自己的本性。它们都不过是投射在天空这一无穷大的荧幕上来来去去的一个影像而已，与荧幕本身并无关系。所以，这里既不需要竭力地去排除迷妄的影像，也不需要执着地去保留了悟的影像，只要自己能够意识到映照出这些影像的荧幕本身。

　　神会在法会上说"坐禅"的"坐"是"念不起"，"禅"是"见本性"，其实也就是这个意思。所谓"坐"，是指自己的本性不被任何观念所区分、所规定。所谓"禅"，就是指自己"见"到这个本性。本性本来就如此，仅仅需要自己觉悟到"本来就如此"这一事实而已。这里既没有时间差，也没有阶段的先后。神会的

"顿悟"并不是指了悟速度的快慢,而是指了悟没有时间之差和阶段之分。

从神会的立场来看,"北宗"禅法把本来是过眼影像的迷妄和了悟当成真实存在的东西,并试图把"禅定"作为工具去铲除迷妄,获得了悟。这种禅法愚蠢至极,其结果是伤害甚至摧毁荧幕。所以神会说"修定元是妄心",禅定修行原本就是迷妄之心(《神会语录》,石井本一〇)。

就这样,神会对渐悟的批判和对顿悟的正统化,并没有把坐禅也从"渐悟"转换到"顿悟",而是飞跃性地一步得出了摒弃坐禅的结论。

### 6. 神会的"定慧等学"

对于这个问题,神会还用"定慧等"或"定慧等学"来进行了说明。从字面上来看,"定"即禅定,"慧"即智慧,"定慧等"或"定慧等学"是指对禅定和智慧等学等修。但事实并非如此。在那次批判"北宗"的法会上,有这样的问答:

> "请问禅师所说的'定慧等学'是什么意思?"
>
> 神会回答说:"'定'是指'体'不可得。不可得的'体'清澈静寂,有着无边无际的'用'。'慧'是指'见'到不可得的'体',以及无穷尽的'用'。所以说'定慧等学'。"

【资料8】又问:"何者是禅师定慧等学?"和上答:"言其定者,体不可得。言其慧者,能见不可得体,湛然常寂,有恒沙之用,故言定慧等学。"

　　　　　　(《菩提达摩南宗定是非论》,邓文宽、荣新江
　　　　　　《敦博本禅籍录校》,江苏古籍出版社,《敦煌文献
　　　　　　分类录校丛刊》,1998 年,31 页)

这里的"不可得",并不是说把握这一行为不可能,而是指想要把握的个别的"相"本来就不是实际存在的,所以"不可得"。用刚刚的比喻来说,"体",也就是本性,这里称为"定",犹如虚空一般无穷尽无分节,所以不存在有个别的"相"。正是由于它的无穷尽无分节,所以清澈静寂。也正是由于它的无穷尽无分节,所以可以从中生出无穷尽的万有的作用,也就是"用"。"见",也就是自觉发现,对这样的"体"和"用"的自觉发现,也就是"慧"。

这里的"定",当然,早已不是禅定的意思了。

很显然,"定慧等"与前面说到的"坐禅"的定义——"坐"为"念不起","禅"为"见本性"——指的是同一件事。对于神会来说,毫无疑问,"坐禅"和"定慧等"一样,都是对本性的自我觉悟,换句话说,就是无分节的本性对自身无分节这一性质的自觉发现。

之前,我们把"北宗"禅思想归纳为三点,这里同样也用三点来总结神会的主张:

(1)各人本来具有的佛性犹如虚空一般,无穷尽无分节;

(2)迷妄、了悟,都只不过是在虚空上来来去去的影像。通过禅定来排除迷妄、求得了悟的想法,只会损伤无穷尽无分节的本性,是愚蠢的行为;

(3)虚空般的本性具有本来的智慧,因此可以清晰、自觉地发现无穷尽无分节的本性。

神会用了种种不同的说法来阐明自己的观点。不过,看似各种各样的用语及典故,其实说的都是同一回事。比如,神会常引用《金刚经》里的"应无所住而生其心",将"应无所住"作为"体"("定"),"而生其心"作为"用"("慧")。当时有人问神会,如何才能得到解脱?他回答说:"但得无念即是解脱。"人又问,那什么是无念呢?神会答道"不作意即是无念",然后说了这样一段话：

> 这一法门不需要繁琐的理论，而是直指核心。也就是说，一切众生，其心都是"本来无相"的。所谓"相"，也就是妄。那么"妄"又是什么呢？就是"作意"，使心执着于"空""净"，"起心"以求得"菩提""涅槃"，等等。这些都是"妄"。如果没有这样的"作意"，心中自然无物，局限于物的心也就不存在。自性空寂，空寂的自性原本就具有本智。（本智具有的）"知"的作用称为"照用"。所以《般若经》（《金刚般若经》）中有"应无所住而生其心"一句。"应无所住"即是空寂的自性的本体，"而生其心"即是自性具有的本智的作用。所以说只要不"作意"，自然就会进入了悟之境。保重！保重！

---

**【资料9】** 然此法门，直指契要，不假繁文。但一切众生，心本无相。所言相者，并是妄心。何者是妄？所作意住心，取空取净，乃至起心求证菩提涅槃，并属虚妄。但莫作意，心自无物，即无物心。自性空寂，空寂体上，自有本智，谓知以为照用。故《般若经》云："应无所住而生其心。""应无所住"，本寂之体。"而生其心"，本智之用。但莫作意，自当悟入。努力，努力！

（《神会语录》，胡适本第 5 段［石井本中无此段］；杨曾文编校《神会和尚禅话录》，中华书局，《中国佛教典籍选刊》，1996 年，119 页）

---

对于神会来说，"作意"和"起心"一样，是指用个别的观念（"相"），来区分无分节的本性（"无相"），那么无"作意"、无"起心"则是无分节的本性本来也就无分节地存在着——也就是"无念"。

关于"应无所住而生其心",在《坛语》(一四)中可以看到这样的解释:"'应无所住'者,推知识(即诸位)'无住心'是,'而生其心'者,'知'心无住是。""无住心"是前面提到的"不可得"之"体"的同义语。"知无住心"的"知"即为前面提到的"见"的同义语。很明显,"应无所住而生其心"也就变成和"坐禅""定慧等"同样的体用论了。(把《金刚经》中这一句子用作体用论解释的先驱是"北宗"系侯莫陈琰,神会也许是受了他的影响。以上可参照伊吹敦《〈顿悟真宗金刚般若修行达彼岸法门要诀〉与荷泽神会》,见《日本、中国佛教思想及其展开》,山喜房佛书林,1992 年。)

神会和盛唐诗人王维有过这样的对话:

> 侍御使王维问神会和尚:"禅师的禅法和惠澄禅师的禅法有什么不同?"

> 神会答道:"惠澄禅师的禅法首先要修禅定,以达到三昧之境,然后才发起智慧。而我的禅法呢,我现在正和王侍御您谈话,当下此刻,与您谈话的同时就是'定慧等'。《涅槃经》中说'定多慧少,增长无明。慧多定少,增长邪见。若定慧等者,名为见佛性'。所以我的禅法与惠澄禅师的禅法不同。"

> 王维又问:"那么,'定慧等'是指什么样的状态呢?"

> 神会说:"'定'即是本性无分节,'慧'则是'见'到无分节的本性清澈空寂,具有无穷尽的作用。这就是'定慧等'。"

---

【资料 10】王侍御问和上:"何故得不同?"答曰:"今言不同者,为澄禅师要先修定以后,定后发慧〔从后文"先修定,得定已后发慧"。胡适本作"要先修定,得定以后发慧"〕,即知不然。今正共侍御语时,即定慧俱等。《涅槃经》云:'定多慧少,增长无明。慧多定少,增长邪

> 见。若定慧等者,名为见佛性。故言不同。'"王侍御
> 问:"作没时是定慧等?"和上答:"言定者,体不可得。
> 所言慧者,能见不可得体,湛然常寂,有恒沙巧用,即是
> 定慧等学。"
>
> （《神会语录》,石井本二九;杨曾文编校《神会
> 和尚禅话录》,中华书局,《中国佛教典籍选刊》,
> 1996 年,85 页）

惠澄禅师的生平事迹不太清楚。不过从"先修定,得定已
后发慧"来看,在《神会和尚禅话录》中他被赋予了代表"北
宗"系禅法的角色。神会用前述的"定慧等"说来与之抗衡。
不过这里要注意的是,神会说到"我现在正和王侍御您谈话,
当下此刻,与您谈话的同时就是'定慧等'"。也就是说,"定
慧等"并不需要特别的修行。既然"定慧等"是对本性自己的
自觉意识,那么自己就应该无时无刻不处在"定慧等"的状态
中。当然,现在与贵公谈话这一刻也毫无疑问,的的确确就是
"定慧等"的状态。

现实态的自己在日常生活中时刻保持着对无分节的本性的
自觉意识。这自然就导致了坐禅的解体,以及与其互为表里的对
日常现实的自我肯定。这一唐代禅宗的基调在这里已经开始萌
芽。现实态的自己就是佛,虽然神会自身这时还没有强调这一
点,但是唐代禅宗从此也就沿着这个方向不断深化下去。


# 三、保唐寺无住的禅


神会晚年,爆发了著名的安史之乱。这次叛乱曾使唐王朝

一度濒临邦国覆灭的局面。由于战乱,唐王朝的政治经济以及思想文化中心从长安、洛阳两都分散到地方。同时,神会对"北宗"的批判,使禅门内部的正统意识得以相对化。这些禅门内外存在的诸多因素,促使禅宗在安史之乱前后开始蓬勃兴起,各地新生诸派竞相提出各自独立的系谱以及思想主张。

根据宗密的记载——也就是说凡是进入宗密视野的——大约可以整理为以下新旧七宗(《圆觉经大疏钞》卷 3 下《裴休拾遗问》):

| | | |
|---|---|---|
| 一 | "北宗" | 长安——神秀、普寂 |
| 二 | 净众宗 | 四川——净众寺无相 |
| 三 | 保唐宗 | 四川——保唐寺无住 |
| 四 | 洪州宗 | 江西——马祖道一 |
| 五 | 牛头宗 | 江南——牛头法融 |
| 六 | 南山念佛门 | 四川——果阆宣什 |
| 七 | 荷泽宗 | 洛阳——荷泽神会 |

以上各门各派拥有各自不同的思想和修行方法,形成了近似百家争鸣的局面。最后,第四的洪州宗,也就是马祖道一的禅,战胜其他诸派,成为唐代禅宗主流。关于马祖道一的禅我们将在第二讲中详细介绍。这里先看看第三保唐宗,保唐寺无住的禅。

在神会的禅中,直接肯定日常生活中现实态自己的这一思想,还仅仅处于隐约可见的萌芽状态。而将这一思想发展到极致,并成为后来马祖禅先驱的,正是保唐寺无住的禅。

马祖活跃在洪州,也就是今天的江西一带。但其实马祖和无住一样,都出身于西蜀四川。无住拥有自己的思想,但同时他又自称嗣法于第二的净众寺无相。宗密说马祖原本也是净众寺无相的弟子(《裴休拾遗问》六)。说这话的宗密自己其实也是四川出身,来到洛阳后跟在自己老师后面,开始自称荷泽宗的法孙。

### 1. "只没闲"

无住的言行记录保留在敦煌出土的《历代法宝记》一书中。此书在记录无住的言行前,还专门设有神会一章:

> 洛阳荷泽寺的神会和尚,每月举行受戒会开堂说法,批判以追求清净为宗旨的禅,提倡如来禅。立"知见",立言语作为"戒定慧"。提出"说话的当下就是戒,说话的当下就是定,说话的当下就是慧"。说"无念",主张"见性"。

> 【资料 11】东京荷泽寺神会和上,每月作坛场,为人说法,破清净禅,立如来禅。立知见,立言说为戒定惠,不破言说,云:"正说之时即是戒,正说之时即是定,正说之时即是惠。"说无念法,立见性。
>
> (柳田圣山《初期的禅史Ⅱ》,筑摩书房,《禅之语录》3,1976 年,154 页)

的确如此,神会把本性的无分节叫作"无念"。把"无念"的本性对自身无分节的自觉意识叫作"定慧等"。就是现在,就是正在说话的此时此刻,"定慧等"——本性的自觉的"知"与"见"——也毫无疑问实实在在地存在着。

无住在祖述神会立场的同时,将"说话"这一现实态行为直接与"戒""定""慧"画上了等号。对于无住来说,"无念"不是意识层面的问题,而是现实生活中自己每天的存在方式的问题。"无念"不需要去意识和觉知,而是亲身经历的真实的生活。

那么,什么才是"无念"的生活呢?

　　一天,同住的僧人向无住提出,希望严格按照每天六次礼佛的"六时礼忏"的修行方法来修行。但无住却说:"这里山中没有食物,需要人力搬运上山。如法修行不可能实现。如此狂妄的修行法并不是佛法……只要能做到'无念',那么就能见到佛。而'有念'只能让人堕入无休止的轮回中。若想拜佛就下山去拜,山下有的是大寺庙。想走就走,无须客气。可是如果还想留在我这里的话,就专心修'无念'吧。能做到的就留下,做不到的赶快下山。"

僧人们不得不离开无住下山去。他们来到山下的净众寺诉苦说:"山上的无住禅师既不许礼拜也不许忏悔,也不许诵经,只许闲坐。"净众寺众僧听后大吃一惊:"如此这般修行又怎么能称为佛法呢!"只有净众寺的无相禅师深深体会到了无住的真意,在众人面前为无住辩护说,老僧以前未出师门时,同样也是"总不作,只没茫",什么都不做,每天只是茫然闲坐。[1]

专注于"无念",其实也就是彻底保持无分节的状态并付诸实践。具体地说,就是摒弃一切固定的修行方法和礼节仪式,断绝所有的思想观价值观,唯一需要做的就是茫然闲坐。这就是无住所说的"无念"。比起"只没茫"来说,无住自己好像更喜

[1] 同住道逸师习诵礼念。和上一向绝断虑,入自证境界。道逸共诸同住小师白和上云:"逸共诸同住,欲得请六时礼忏。伏愿和上听许。"和上语道逸等:"此间粮食并是绝断,人般运深山中。不能依法修行,欲得学狂,此并非佛法。"和上引《佛顶经》云:"'狂心不歇,歇即菩提。胜净明心,本同法界。'无念即是见佛,有念即是生死。若欲得礼念,即出山! 山下大有宽闲寺舍,任意出去。若欲得同住,一向无念。得即任住,不得即须下山去!"道逸师见不遂本意,辞和上,出天苍山。来至益州净众寺,先见空上座等,说:"山中无住禅师,不得礼忏念诵,只空闲坐。"何空等闻说,倍常惊怪:"岂是佛法!"领道逸师见金和上。道逸礼拜未了,何空等咨金和上云:"天苍山无住禅师,只空闲坐。不肯礼念,亦不教同住人礼念,岂有此事! 可是佛法?"金和上叱何空道逸等:"汝向后! 吾在学地时,饭不及吃,只空闲坐。大小便亦无功夫。汝等不识,吾当天谷山时,亦不礼念。诸同学嗔吾,并出山去。无人送粮,惟炼土为食,亦无功夫出山,一向闲坐。"(柳田圣山《初期的禅史Ⅱ》,筑摩书房,《禅之语录》3,1976 年,170 页)"只没"("只么")是"只是"的口语。

欢用"只没闲"这一说法。不过"只没茫"也好,"只没闲"也好,从根本上说二者并没有什么区别。

"茫"和"闲",没有任何具体意念,也没有任何具体目的,无穷尽,无分节——也就是说,不要成为将焦点对准每一个对象的镜头,而要成为没有聚焦作用的镜子——这样的一种身心状态。

(汉语的"闲"有不定的意思。"闲话"就是和主题无关的散漫的话。"闲人"不是指有时间的人,而是指不务正业游手好闲的人,或者是无关人员、外部人员的意思。在中国经常见到"闲人免进"的标语,不是说有时间的人不准进入,而是说无关人员不准进入。)[①]

### 2. 一切"活鲅鲅"

但是,无住追求的"无念"不是死人般的行尸走肉,不是茫然失措的无精打采,而是充满着活力的、随时随地生龙活虎的姿态。正是因为"只没闲",所以才能"活鲅鲅,一切时中总是禅"。无住反复强调的就是这个。"活鲅鲅"形容鲜活的鱼噼噼啪啪摆尾跳动的样子。噼噼啪啪,活蹦乱跳,任何时候都是禅。这,就是无住的一贯主张。

> 道无形段可修,法无形段可证。只没闲,不忆不念,活鲅鲅,一切时中总是道。(道没有规定的修道姿态,法也没有固定的悟法姿态。只是"闲",不想过去也不想明天,"活鲅鲅,一切时中总是禅"。噼噼啪啪,活蹦乱跳,任何时候皆为禅。)

> 起心即是尘劳,动念即是魔网。只没闲,不沉不浮,不流不转,活鲅鲅,一切时中总是禅。(起观念,动分别,这一

① 译者注:日语中"闲"为有时间、有空闲的意思。

切皆是迷妄。只需一个"闲"字,心不沉也不浮,不流也不转,"活鲅鲅,一切时中总是禅"。噼噼啪啪,活蹦乱跳,任何时候皆为禅。)

　　无住禅,不沉不浮,不流不注,而实有用。用无生寂,用无垢净,用无是非。活鲅鲅,一切时中总是禅。(老僧的禅,心不沉也不浮,不泄出也不注入,却有着真真实实的作用。这作用既没有动静之分,也没有清浊之别,也没有是非之异,"活鲅鲅,一切时中总是禅"。噼噼啪啪,活蹦乱跳,任何时候皆为禅。)

"活鲅鲅,一切时中总是禅",这里已经完全没有必要谈及与本性的关系,鲜活的真切的现实态就是禅。

可是,"只没闲"为什么一步就飞跃到了"活鲅鲅,一切时中总是禅"呢?对此无住没有作任何说明。也许正是由于处在无穷尽无分节的状态中,所以才能在任何时候、任何地方噼噼啪啪活蹦乱跳——正是因为镜子没有聚焦作用,所以才能鲜明地映照出任何对象的每一瞬间,而且不留任何痕迹——对于无住来说,这是毋庸赘言的自明之理,所以也不用特地说明了吧。

在前面引用的"不沉不浮"这段话之前,无住用了这样一个比喻来说明:

　　老僧来打个比方吧。

　　有个人站在山坡顶上。有三个人路过这里,远远地看到山坡上站着的那个人。

　　那人为什么一个人站在那里呢? 于是三人展开了争论。

　　"一定是丢了家畜吧?"一个人说。

　　"一定是和同伴走散了吧?"第二个人说。

　　"一定是在那里吹风乘凉呢。"第三个人说。

三人谁都不愿意承认对方的说法是对的。最后他们来到山坡上,问站在坡上的那个人。

"你在找你丢失的家畜吗?"

"没有啊!"

"你和同伴走散了吗?"

"哪有的事!"

"那一定是因为这里风大凉快,你是在这里乘凉的吧?"

"也不是。"

"既没有丢家畜,也没有丢同伴,也不是为了风大凉快,那你为什么站在山坡上?"

"只没立——只是站在这里而已。"

---

**【资料 12】** 无住为说一个话,有一人高堆阜上立。有数人同伴路行。遥见高处人立,递相语言:"此人必失畜生。"有一人云:"失伴。"有一人云:"采风凉。"三人共诤不定。来至问堆上人:"失畜生否?"答云:"不失。"又问:"失伴?"云:"亦不失伴。"又问:"采风凉否?"云:"亦不采风凉。""既总无,缘何高立堆上?"答:"只没立。"

(柳田圣山《初期的禅史Ⅱ》,筑摩书房,《禅之语录》3,1976 年,304 页)

---

没有任何意思,也没有任何目的,仅仅是"只没",仅仅要做到"只没",仅仅如此而已。

所以,提出这一主张的无住也就被众僧非难:"山上的无住禅师既不许礼拜也不许忏悔,也不许诵经,只许闲坐。"

但是,"无念"并不是什么都不做。恰恰相反,"无念"实际上是说任何事情,只是去做就行。远离由于"相"(即妄心)引起的种种分别,一切行为,只是去做。于是所有行为自然就"活鲅鲅",自然也就"一切时中总是禅"了。

无住的法系很快就断脉了,没能流传到后世。但是,他指出的这个方向却在中唐以后,被马祖以及马祖派的禅僧们所继承并推广开来。这一思想后来成为唐代禅的基调,直至宋代以后,都不断产生着巨大的影响。

# [第二讲]

马祖禅和石头禅——唐代禅的两支主流

　　在安史之乱前后兴起的禅宗诸派中,取得最后胜利成为唐代禅主流的是"洪州宗",也就是马祖道一的门派。

　　第一讲中我们已经提到,根据后世编写的禅宗系谱,六祖慧能的"南宗"禅分成两支,一支是"南岳——马祖系",另一支是"青原——石头系"。中唐以后,马祖禅首先成为主流。后来,石头希迁的法系在对马祖禅的批判中逐渐兴盛起来,成为所谓的第二主流。可是,系谱所反映的这一历史传承不过是后世的人推量构置在纸面上的故事。

　　虚构的故事在中唐以后作为禅门正统传承下来。初唐、盛唐时代的初期禅逐渐被忘却,最终从历史的表面舞台上消失,直至 20 世纪初期敦煌文献的发现。

　　第二讲我们主要讲述中唐以后的禅宗主流——马祖禅,以及在与其抗衡中兴起的第二主流石头禅。从结论上说,马祖禅认为现实态的自己也就是本性的自己;而石头禅则主张现实态的自己与本性的自己处于不同的层次上,从而需要去发现本性的自己。也就是说,就这样直接肯定现实态的自己呢,还是从对现实态自己的超越中寻求本性的自己呢? 这两者之间对立紧张的关系,也就形成了唐代禅的基本结构。

禅
思
想
史
讲
义

# 一、马 祖 禅

### 1. 野鸭子的故事——野鸭子哪里去了？

首先让我们看看发生在马祖和弟子百丈怀海之间的、被后世称之为"马大师野鸭子"的故事：

> 马祖和弟子百丈怀海同行。一只野鸭子从面前飞过。
>
> 马祖问道："是什么？"
>
> 百丈说："野鸭子。"
>
> "哪里去了？"
>
> "飞走了。"
>
> 马祖一下子揪住百丈的鼻子。
>
> "痛！痛！痛！"
>
> 百丈忍不住叫唤起来。
>
> 于是马祖说了一句："何曾飞走？"

---

**【资料 13】** 马大师与百丈行次，见野鸭子飞过。大师云："是什么？"丈云："野鸭子。"大师云："什么处去也？"丈云："飞过去也。"大师遂扭百丈鼻头。丈作忍痛声。大师云："何曾飞去？"

（入矢、沟口、末木、伊藤译注《碧岩录》，岩波书店，"岩波文库"，1994 年，中，207 页）

---

禅问答的难解和妙趣与汉语的特质不无关系。汉语没有主语也能表达意思。这一点当然日语也一样。例如，"吃了吗？""还没有。""走吧！"等等。以上马祖和百丈的对话中，马祖的三句话都没有用主语。"是什么？""哪里去了？""何曾飞走？"

这时如果你用一般的思维方法来思考是"什么"东西、到了"哪里",那就正好落入了马祖的圈套。这段问答最重要的不在于是"什么"东西,也不在于到了"哪里",而在于问话中隐藏的主语。

可是,百丈以为长老问的是面前飞过的野鸭子,所以回答说"什么"东西——野鸭子,"哪里去了"——飞走了。但是马祖并不是这个意思。看到百丈没有领会到自己的深意,马祖猛揪住弟子的鼻子。百丈忍不住叫唤"痛!痛!痛!"可是马祖满不在乎地说:"何曾飞走?"意思就是,我要问的东西不是还在这里吗!

隐藏的主语不是飞过去的野鸭子,而是看到野鸭子飞过去的百丈你这个人。

### 2."即心是佛"

不过大家也许会说,既然如此,为什么不早说呢?又何必要用揪鼻子这种极端的、野蛮的手段呢?……其实,最能体现马祖禅基本思想和手法的,就是这个揪鼻子。

马祖禅的基本思想可以概括成三点:(1)"即心是佛";(2)"作用即性";(3)"平常无事"。[①]

首先,"即心是佛"。自己的心就是佛。马祖说法记录的开篇大多有这样一段话:

> 马祖对众僧说:"诸人各自坚信自心是佛,自己这颗心

---

① 译者注:马祖禅的思想可以概括为:1."即心是佛";2."作用即性";3."平常无事"。"即心是佛"是说自己的心就是佛。"作用即性"是说自己身心的自然作用就是佛性。"平常无事"则是说摒弃人为努力,现成自然,就这样就好。为了便于说明我暂且整理为三点,其实这三点说的是同一回事。也就是说,自己的心就是佛,自身的所有营为就是佛作佛行,所以,不用刻意去求"求佛",只要"平常""无事"就最好。总之,对现实态的自己原封不动地自然地肯定,这就是马祖禅的基本精神。参小川隆著《统·語録のことば——〈碧巌録〉と宋代の禅》(禅文化研究所,2010 年)。

就是佛。达磨大师从南天竺来到中华,传上乘一心之法,令诸人各自悟取的就是此事。……"

---

**【资料 14】** 祖示众云:"汝等诸人,各信自心是佛,此心即是佛。达磨大师从南天竺国来至中华,传上乘一心之法,令汝等开悟。……"

(《马祖语录》,入矢义高《马祖的语录》,禅文化研究所,1984 年,17 页)

---

"自心即佛,此心正是佛",不是将这句话作为一种整体性的理念,而是让修行者各人坚信,这话说的就是存在于自己身上活生生的事实。马祖的这种思想,简单概括就是"即心是佛"——此心正是佛,也可以说"即心即佛"。

举个例子。有个叫法常的弟子去参马祖:

法常问:"什么是佛?"

马祖答:"即心是佛。"

就这么一句话,令法常豁然开朗。后来,他到大梅山当了住持。

马祖听说后,派一僧前去,想试探法常到底达到了什么样的境界。

僧问:"和尚从马大师那里得到了什么,就当上了这里的住持?"

法常说:"马大师对我说'即心是佛',所以我就到这里当住持了。"

僧又说:"不过近来马大师又有了新说法。"

法常问:"什么新说法?"

僧答道:"最近大师说'非心非佛',真实既不是心也不是法。"

听了僧的话，法常说："这老头子，惑乱人心要到什么时候！管你什么'非心非佛'，总之我就是'即心即佛'！"

僧回来报告马祖，马祖听完后说："梅子成熟了！"

---

**【资料15】** 大梅山法常禅师初参祖问："如何是佛？"祖云："即心是佛。"常即大悟。后居大梅山。祖闻师住山，乃令一僧到问云："和尚见马师，得个什么便住此山？"常云："马师向我道即心是佛。我便向这里住。"僧云："马师近日佛法又别。"常云："作么生别？"僧云："近日又道非心非佛。"常云："这老汉，惑乱人未有了日。任汝非心非佛，我只管即心即佛。"其僧回举似祖。祖云："梅子熟也。"

（《马祖语录》，入矢义高《马祖的语录》，禅文化研究所，1984年，68页）

---

"即心是佛"，不是从马祖那里传授得来的正确答案，而是法常从自己身上体悟得来的活生生的事实。因此，即使当他听说马祖的说法有变化时，也没有表现出丝毫动摇。管他马祖说什么，总之我就是"即心是佛"，也只有"即心是佛"。法常对此毫不怀疑。

《景德传灯录·云居章》说"马祖下出八十八人善知识"。马祖培养出了众多的优秀禅者。大珠慧海也是其中之一。

关于大珠慧海有这样一个故事。

行者问："都说'即心是佛'，那么哪个心是佛呢？"

大珠说："那你是怀疑哪个心不是佛呢？你指给我看看。"

行者无言以对。

大珠说："悟了则处处是佛,不悟则与佛乖疏。"

> 【资料16】有行者问:"即心是佛,那个是佛?"师云:"汝疑那个不是? 指出看。"行者无对。师云:"达则遍境是,不悟则永乖疏。"
>
> (《祖堂集》卷14"大珠慧海章",孙昌武、衣川贤次、西口芳男点校《祖堂集》,中华书局,《中国佛教典籍选刊》,2007年,623页)

所谓"即心是佛",并不是说内心某处潜藏着如佛一般圣洁的本性,也不是说摒弃表层的迷妄之心,以令深层的佛心显现。"即心是佛"的意思是,我心即佛,自己的整个心就是佛。如果能感悟到这一真理,那么处处都将是佛。

于是,现实态自己的所有行为与作用皆是佛的本性的真实自然的体现,这个观点也就自然而然地形成了。今天的日本禅宗研究者把它通称为"作用即性"说。

### 3."作用即性"

马祖说:

> 现在此刻,正在"言语"着的就是你的心。这个心就叫做"佛",也就是"实相法身佛",又称做"道"。……现在此刻,你的"见闻觉知"就是你的"本性",就是你的"本心"。离开此心不存在另外的佛。……你自身的"心性",原本就是"佛",所以不用别处寻"佛"。

> 【资料17】汝若欲识心,只今语言,即是汝心。唤此心作佛,亦是实相法身佛,亦名为道。……今见闻觉知,元是汝本性,亦名本心。更不离此心别有佛。……是

> 汝心性,本自是佛,不用别求佛。
>
> (《宗镜录》卷 14,入矢义高《马祖的语录》,禅文化研究所,1984 年,198 页)

马祖还说:

> 一切众生,从无量劫的过去开始,就从未出过"法性三昧",总是在这"法性三昧"中,穿衣、吃饭、说话、交谈。如此,眼、耳、鼻、舌、身、意六根的作用,所有的行为,皆是法性。

> 【资料 18】一切众生,从无量劫来,不出法性三昧,长在法性三昧中,着衣吃饭,言谈祇对。六根运用,一切施为,尽是法性。
>
> (《马祖语录》,入矢义高《马祖的语录》,禅文化研究所,1984 年,24 页)

"语言"(说话)、"见闻觉知"(看、听、感受、知解)、"着衣吃饭"(吃饭穿衣)、"言谈祇对"(与人交谈),这些日常生活中的感觉、动作、行为,所有一切,都是"佛"的本性——"佛""道""本性""本心""心性"的真实自然的体现。

这个观点与保唐寺无住"活鲅鲅,一切时中总是禅"的思想极为相似。但是,马祖禅禅风的独特还不止于此。马祖和他的门下在指导修行者时,具有一套让修行者实际领悟到那一点的实践性手法,这一点也十分独特。他们不只是在理论或教义上论说"即心是佛",还通过与弟子之间实际的应对往来,让每个修行者都能亲身体会并真实感受到"即心是佛"这个活生生的事实。马祖禅的特点就在这里。

比如说,马祖有个叫汾州无业的弟子,精通佛教三藏,是个出色的义学僧。关于他开悟的因缘有这样的故事:

当汾州无业听说马祖门下非常兴旺,就前去拜访马祖。马祖见到无业魁梧的身躯,听到他洪钟般响亮的声音,说道:"好一座堂堂的佛堂! 可惜了,里面却没有佛。"

无业说:"三乘(佛学的教义理论)的学问,我略知一二。可是禅门所说的'即心是佛',却不甚明白。"

马祖说:"'不明白'的心就是佛,除此以外没别的东西。"

无业说:"不过还是请你告诉我,祖师西来密传心印是怎么一回事?"

马祖有些不耐烦了,说:"你这个人怎么这样啰嗦! 我看你今天还是先回去,改天再来吧。"

无业无奈之下只好回去。可是当他正要跨出门去的那一瞬间,马祖突然喊道:"大德!"

无业不由自主转过头来。

马祖紧接着问道:"是什么?"

无业幡然大悟。然后对马祖行起礼来。

马祖说:"这个迟钝的汉子,行礼作何用!"

【资料 19】后闻马大师禅门鼎盛,特往瞻礼。马祖睹其状貌环伟,语音如钟,乃曰:"巍巍佛堂,其中无佛。"师礼跪而问曰:"三乘文学,粗窥其旨。常闻禅门即心是佛,实未能了。"马祖曰:"只未了底心即是,更无别物。"师又问:"如何是祖师西来密传心印?"祖曰:"大德正闹在,且去别时来。"师才出,祖召曰:"大德!"师回首。祖云:"是什么?"师便领悟,礼拜。祖云:"这钝汉,礼拜作么?"

(《景德传灯录》卷 8"汾州无业章",入矢义高监修,《景德传灯录》研究会编《景德传灯录三》,禅文化研究所,1993 年,99 页;《马祖的语录》,禅文化研究所,1984 年,71 页)

无业在经论方面学识渊博，丝毫不落人后。可是他却坦白承认自己对禅门所说的"即心是佛"还不理解。对于无业的质疑，马祖断然说道："不明白的心就是佛。"

"即心是佛"并不是说有一颗与佛同样的特别的心。你说不明白，那么不明白的那颗心就是佛。现在此刻站在这里向我提问的、你的那颗真实存在的、现实态的心就是佛，除此之外没有第二颗心——马祖说得既干脆又明确。

但是，习惯于从教义理论上进行逻辑推理和论证的无业对马祖的这个回答感到不服。他还想继续问下去。可是马祖却显得很有些不耐烦。

没有办法，无业只好打道回府。这时，马祖突然对着无业的背影唤了一声"大德！"看到无意中回过头来的无业，马祖又问："现在回过头来的是什么？"

听见叫自己的名字条件反射般转身回头。这个活生生的行为作用，不正是你要问的吗？原来如此，"即心是佛"原来说的是这么一回事……无业瞬间省悟过来，并给马祖行礼以表谢意。

马祖却骂道："这个迟钝的汉子，行礼作何用！"从一开始我就说得清清楚楚，你怎么到现在才明白……不过，马祖虽然嘴上骂骂咧咧，心中定然是十分欣喜的。

及时抓住对方身体的自然反应，使对方用自己的身体，亲身体会"即心是佛"这一活生生的现实——类似这样的问答不胜枚举。拳打、脚踢、手掐等，其实都是同样的手法，即用瞬间的疼痛这一身体感觉使人了悟：

> 僧问："什么是祖师西来意？"
>
> 马祖立刻便打，然后缓缓说道："如果我今天不打你，我定会被诸方大德耻笑。"

> **【资料20】** 问:"如何是西来意?"祖便打曰:"我若不打汝,诸方笑我也。"
>
> (《马祖语录》,入矢义高《马祖的语录》,禅文化研究所,1984年,96页)

刚才无业的提问中也有"祖师西来"一词。达摩祖师从遥远的西方天竺来到"东土",于是才有禅宗的成立与传播。所以,问什么是"祖师西来意"——也就是达摩祖师从西而来的意义,其实便是问什么是禅的第一义。

禅宗文献中有无数关于"祖师西来意"(或简称为"祖师意""西来意")的提问,回答也形形色色。不过,虽然这些回答表面上看来千差万别,但实际上说的是同一个道理,那就是在马祖说法记录中常见到的那段开场白:

> 诸人各自坚信自心是佛,自己这颗心就是佛。达摩大师从南天竺来到中华,传上乘一心之法,令诸人各自悟取的就是此事。(参照【资料14】)

简单地说,达摩祖师也是为了让众生领悟到"即心是佛"这个活生生的事实,才千里迢迢从西而来。可是这里提问的僧人还没有意识到这一点。他认为"祖师西来意"一定是很崇高、很神秘的秘方。所以他希望马祖能暗地里将这秘方传授给自己。然而僧人的问话还没说完,马祖就打起来,然后才缓缓地说道:"如果我今天不打你,我定会被诸方大德耻笑。"

提个问题就要挨打……要是换在现在,学校老师如果这样,就会惹大麻烦了。

不过,其实这正说明了马祖的苦口婆心。"祖师西来意"就是"即心是佛",就是活生生的真实存在于你自己身上的事实。今天的一顿打可以让你用自己的身体感觉切切实实体会到这一点——马祖就是这样启发弟子的。如果今天不把它深深敲打进你的身体，不让你用自己的身体感觉亲身体会到它的话，将来拜访诸方大德时，你还会像现在问我这样，若无其事地提出什么是"祖师西来意"之类的愚蠢问题。到那个时候，丢脸的不是你，却是为师的我了。

还有一个故事，说的是水老和尚到马祖处参禅：

> 洪州的水老和尚，第一次去见马祖。问马祖说："祖师西来意的明确解释究竟是什么呢？"
>
> 马祖说："礼拜！"
>
> 于是水老就开始礼拜起来。马祖随即给了他一脚，将他踢翻在地。
>
> 水老恍然大悟，站起身来抚掌大笑，说："太好了！太好了！百千的三昧，无量的法门，只在一根毛的毛尖上，片刻便识得出它的根源。"
>
> 水老说完，行了个礼，出门而去。
>
> 很多年后，水老对自己的门下弟子说："自从挨了马大师一脚，至今还让我笑个不停。"

【资料 21】洪州水老和尚，初参祖问："如何是西来的的意？"祖云："礼拜着。"老才礼拜，祖便与一蹋。老大悟，起来抚掌，呵呵大笑云："也大奇！也大奇！百千三昧，无量妙义，只向一毛头上便识得根源去。"便礼拜而退。后告众云："自从一吃马师蹋，直至如今笑不休。"

（《马祖语录》，入矢义高《马祖的语录》，禅文化研究所，1984 年，83 页）

马祖和百丈的野鸭子问答，其意义也就在此：野鸭子飞了，即看到野鸭子了；鼻子被揪住了，会疼得要命。通过这些真切的活生生的作用来痛感真实存在的自身——这就是马祖的教诲。

### 4."平常无事"

马祖还这样说：

> 道不需要修，只是不要去污染了它。那么，什么是"污染"呢？执迷生死的妄心，苦心修道的作为，祈求得道的目的，这一切都是"污染"。如果想径直领会到道本身，那么平常的自然状态下的那颗心——"平常心"，当即就是道。那么什么是"平常心"呢？没有刻意作为，没有对错是非，没有取舍，没有断常，没有凡圣。《维摩经•不思议品》中说："既不是凡夫行，也不是圣贤行，只是菩萨行。"现在此刻的一举一动，对眼前诸事的诸般应对，行住坐卧，应机接物——这所有一切，全都是道。道就是法性。进而无穷尽的妙用，都总不会超出这法界。如果不是这样的话，又何来什么"心地法门"，什么"无尽灯"呢？

> 【资料 22】道不用修，但莫污染。何为污染？但有生死心，造作趣向，皆是污染。若欲直会其道，平常心是道。何谓平常心？无造作，无是非，无取舍，无断常，无凡无圣。经云："非凡夫行，非圣贤行，是菩萨行。"只如今行住坐卧，应机接物，尽是道。道即是法界。乃至河沙妙用，不出法界。若不然者，云何言心地法门？云何言无尽灯？
>
> （《马祖语录》，入矢义高《马祖的语录》，禅文化研究所，1984 年，32 页）

"平常心是道"和"即心是佛"说的是同一回事。没有任何刻意施加的人为因素，既没有是非也没有圣凡的区别，日常生活中的那颗现实态的心——"平常心"就是"道"。所以，日常的所有动作行为——行住坐卧、应机接物,这一切就是"道",就是"法界"。

很明显,这和我们前面谈到的马祖的话,"常在法性三昧中,着衣吃饭,言谈祇对"是同样的意思(参照【资料18】)。

总而言之,这段话的意思也就是"即心是佛",或者说"作用即性"。只不过这里加上了"道不必修"这句话,即不要让人为的、有意图的修行污染了自然的"道"。这一点值得注意。

马祖的弟子们也用"无事"一词来代替这里所说的"平常"。意思是没有这样或那样多余的人为因素,普普通通的、现成自然的状态。

百丈和尚的弟子,也就是马祖的徒孙黄檗希运曾经这么说:"道人就是无事人,没有这样或那样的心思,也没有什么可说的道理。"(原文:"道人是无事人,实无许多般心,亦无道理可说。"见入矢义高《传心法要·宛陵录》,筑摩书房,《禅之语录》8,1969年,76页。)

黄檗希运的弟子临济义玄也有以下一段话:

> 诸人,佛法没必要修行,只要"平常""无事"就好。屙屎撒尿,吃饭穿衣,想睡则睡。
>
> 愚人会笑我老僧,只有智者知我心。古人道:"孜孜不倦地向外驰求的人,尽为痴人。"
>
> 诸人首先必须随时随地成为自己的主人公,如此这般,但凡你所在之处皆为真实的境界。

【资料23】道流,佛法无用功处。只是平常无事。屙屎送尿,着衣吃饭,困来即卧。愚人笑我,智乃知焉。古人云:"向外作工夫,总是痴顽汉。"你且随处作主,立处皆真。

(入矢义高译注《临济录》,岩波书店,"岩波文库",1989年,50页)

临济说得很干脆。向自身之外寻佛求佛,这种人为的努力和修炼与真正的佛法无缘。摒弃人为,任随自然,做到"平常""无事",随时随地成为自己的主人公——"随处作主",这就是临济想说的。

临济还说:"依山僧所见,没有这般那般的许多般事,只是平平常常,吃饭穿衣,无事过日子而已。"(原文:"约山僧见处,无如许多般,只是平常,着衣吃饭,无事过时。"入矢义高译注《临济录》,岩波书店,"岩波文库",1989 年,101 页。)

前面我们把马祖禅的基本思想整理成了三点:(1) 即心是佛;(2) 作用即性;(3) 平常无事。为了解释说明这三个基本思想,我们引用了一些资料。其中的用语多有重复。从这个现象我们也可以看出,这三点说的其实是同一回事。也就是,自己的心就是佛,自身的一切感觉和行为,就那样即是佛作佛行。因此,没有必要为了向外求圣求佛而苦苦修行,只要"平常""无事"就最好。

本性的自己与现实态自己之间不需要任何中介物,二者完全等同。随意的、自然的、直接接受并肯定现实态的自己,这就是马祖禅的根本精神。

# 二、石 头 禅

## 1. 对马祖禅的批判

马祖的禅,对于那些被固定观念所束缚的人来说,是崭新的,充满着新鲜的活力。但是,对现实态自然随意地全面肯定,这一观点如果成为既定的正确答案的话,不难想象,人们很容易陷入自甘堕落的状态,流于安逸的现实肯定。所以,马祖的弟子中开始有人对他的思想产生怀疑,渐渐地出现了批判并试图超越的思想。

前面我们提到的马祖和百丈野鸭子问答，最早是收录在五代时编集的《祖堂集》卷15"五泄灵默章"中。因为文章很长，我们把它细分为三段来看：

1）有一天，马祖带着弟子们在西城壁根散步。突然，有野鸭子飞过。

马祖问："刚刚的那个，是什么？"

百丈惟政说："野鸭子。"

"哪里去了？"

"飞走了。"

马祖立刻猛拽住惟政的耳朵。

惟政不由得叫出声来："痛！痛！痛！"

马祖说："还在这里呢。何曾飞走？"

惟政即刻大悟。

---

【资料24】有一日，大师领大众，出西墙下游行次，忽然野鸭子飞过去。大师问："身边什摩物？"政上座云："野鸭子。"大师云："什摩处去？"对云："飞过去。"大师把政上座耳拽。上座作忍痛声。大师云："犹在这里，何曾飞过？"政上座豁然大悟。

（《祖堂集》卷15"五泄灵默章"，中华书局，
2007年，670页；《马祖的语录》，禅文化研究所，
1984年，158页）

---

这里登场的马祖弟子不是百丈怀海，而是另外一个百丈惟政。而且马祖揪住的也不是鼻子，而是耳朵。不过除了这些细节多多少少有些差别之外，问答的趣旨和我们前面看到的是一样的。通过剧痛这种身体感觉——也就是"见闻觉知"的作用，

来使自己意识到活生生的自己的存在。这是马祖禅思想和手法的典型表现。

但是问题在于,这个故事并没有记录在因此而大悟的百丈惟政章中,而是在记载在五泄灵默章里。作为惟政大悟的因缘应该是可喜可贺的,可是这里强调的不是惟政大悟的因缘,却是五泄灵默与师分道扬镳的因缘。《祖堂集》接着还有这样一段话:

2) 眼前发生的野鸭子事件让五泄觉得很没好气。他对马祖说:"我放弃科举登第的机会,投靠到大师门下出家,可是到今天为止,都还没有什么大的感悟。刚才见到惟政因野鸭子大悟,恳求大师慈悲,也指予我一条路。"

马祖说:"老僧只是引你出家,令你开悟的师父则另有其人。就算你一直守在我门下,恐怕猴年马月也不会有什么大的感悟。"

"那么,请大师指点我一个去处吧。"

"离这七百里的地方有个南岳石头禅师。你可以前去,必会有个好因缘。"

就这样,五泄即刻辞别了马祖。

---

【资料 25】 因此师无好气,便向大师说:"某甲抛却这个业次,投大师出家,今日并无个动情。迳来政上座有如是次第。乞大师慈悲指示。"大师云:"若是出家师则老僧,若是发明师则别人。是你驴年在我这里也不得。"师云:"若与么则乞和尚指个宗师。"大师云:"此去七百里有一禅师,呼为南岳石头。汝若到彼中,必有来由。"师便辞。

（《祖堂集》卷 15 "五泄灵默章",中华书局,
2007 年,670 页;《马祖的语录》,禅文化研究所,
1984 年,158 页）

看到百丈惟政因野鸭子而大悟,五泄既没有赞叹,也没有羡慕,而是"无好气",就是说心中感到不快。为什么五泄会感到不快呢?因为五泄对"作用即性"的马祖禅感到格格不入。五泄率直地将自己的感受告诉了马祖。于是马祖让五泄去见石头。

石头就是与马祖同时代的著名禅僧石头希迁。当时石头希迁住在南岳,其禅风与马祖迥然不同。

对"作用即性"禅难以产生共鸣的五泄即刻辞了马祖,风风火火地来到了石头门下。

3)五泄来到石头门下。开口便说:"只要一句话,如若投机我便留下,否则即刻告辞。"

五泄鞋子也不脱,手里拿着坐具,径直走进法堂,行礼,尽了该尽的礼数后,就站到石头身边。

石头问:"从什么地方来的?"

五泄漫不经心地说:"从江西马祖处来。"

石头又问:"在什么地方受的戒?"

五泄话也不答,拂袖而出。

走到门口正欲迈脚跨过门槛时,突然,身后传来石头的一声怒吼:"喂!"

五泄的脚这时正好一只在门内,一只在门外。他不由自主地回头一看,石头正竖起手掌做了一个劈的手势,说:"从生到死,就是这条汉。你却在这里回头转身做什么!"

五泄幡然大悟,就这样留在石头身边修行数载,后来被人们叫做五泄和尚。

---

【资料 26】到石头云:"若一言相契则住,若不相契则发去。"着靴履,执座具,上法堂礼拜,一切了侍立。石头云:"什摩处来?"师不在意,对云:"江西来。"石头云:

> "受业在什摩处?"师不祇对,便拂袖而出。才过门时,石头便咄。师一脚在外,一脚在内。转头看,石头便侧掌云:"从生至死,只这个汉。更转头恼(脑)作什摩?"师豁然大悟。在和尚面前,给侍数载,呼为五泄和尚也。
>
> (《祖堂集》卷 15 "五泄灵默章",中华书局,2007 年,670 页;《马祖的语录》,禅文化研究所,1984 年,158 页)

寺庙住持的长老面对行脚前来的云水僧人一般都会先询问名字、出身地以及修行经历。其一是为了确认本人的来历,就相当于通常的入门面试;其二也有禅的含义,你到底是谁,在以往的修行中你是如何认识自己的,等等。

石头对五泄的问话,看似普通的家常话,其实也包含了这一层意思。(前段话中对五泄"不在意"态度的描述,正暗示石头问话中实际上饱含着深意。)

五泄因为不满现成自然的"作用即性"式的马祖禅,这才辞了马祖心急火燎地来到这里。对五泄来说,石头的寒暄好像故意在和自己绕弯子,他似乎并没有把自己的事放在心上。所以五泄才会觉得此地不宜久留,才会一甩袖子走人。

可是,当他走到门口,正要把脚迈出门槛的那一瞬间,身后传来石头的怒斥之声:"喂!"

五泄不由得回头一看,只见石头竖起手掌,做出用刀劈的样子,说:"从生到死,就是这条汉。你却在这里回头转身作什么!"

从背后叫住要走出门去的人,石头的这个手法看起来和马祖很相似。而且石头说的"只这个汉"这句话,实际上也是主张"就这样,原封不动地肯定现实态自己"的马祖门下弟子们的常用语。

不过，这里石头敏锐直指的是，一只脚在外，一只脚在内——也就是说，正跨在内外分界线上的那一刹那的五泄的姿势。石头用手掌做出的一刀劈的手势，其实也正是意味着这一条分界线。

潮州大颠来到石头处参禅。面对主张"说话的"即本心的大颠，石头追问说："去掉'扬眉动目'，只将'心'拿过来！"于是大颠恍然大悟。"扬眉动目"也称"扬眉瞬目"，与"说话""语言""见闻觉知""着衣吃饭"一样，是马祖禅中用来指"作用"的常用词语。大颠"说话的"即本心的观点忠实体现了马祖禅"作用＝本心"的立场。可是石头告诉大颠，离开那样的"作用"，去把握处于另一层次上的"本心"。大颠开悟之后遂继承了石头的衣钵。①

石头和五泄之间的那段问答其实也是同样的意思。听见叫自己的名字自然地回转头来，这一活生生的作用，并不直接就是本来的自己。本来的自己虽然与生身的自己同在，却与生身的"作用"处于不同层次。石头就是想让五泄能够意识到这一点。

现在自然的现实态自己和超越现实态自己的本性的自己，处在这两种状态的分界线上，既是既不是、既不是又是的自己。这和百丈惟政见到野鸭子领悟的那个自己正好形成对照。五泄在石头那里得到了在马祖处得不到的感悟。由于野鸭子事件的不快，五泄开悟后也没有回马祖身边，而是继续留在了石头门下。

①　《景德传灯录》卷14"大颠章"：潮州大颠和尚，初参石头，石头问师曰："那个是汝心？"师曰："言语者是。"便被石头喝出。经旬日，师却问曰："前者既不是，除此外何者是心？"石头曰："除却扬眉动目将心来。"师曰："无心可将来。"石头曰："元来有心，何言无心？无心尽同谤！"师言下大悟。（《大正藏》本）

"即心是佛"＝"作用即性"＝"平常无事"。对这种现成自然的马祖禅感到格格不入的其实不止五泄一个。其他弟子也开始对马祖禅产生怀疑甚至展开批判。于是，人们又传说马祖开始讲新禅法，"非心非佛"，"不是心，不是佛，不是物"，等等。这一新传说也被编入了马祖的故事中。我们前面读到的大梅法常"即心是佛"和"非心非佛"的那段话（【资料 15】），也就是在这个过程中成立起来的故事。

## 2. 不即不离的"我"与"渠"

在这样的历史趋势下，石头禅开始兴起。石头——药山——云岩——洞山，这一派系后来发展成为曹洞宗。

与马祖禅主张的现成自然的现实态自己不同，石头禅主张与现实态自己处于不同层次的本性的自己。对这个本性的自己的探求在石头禅一派中不断得到深化。石头系禅者常常用第三人称代词"渠""他""伊"，或者"主人公""一人"等名称来称呼本性的自己。

举个例子。洞山的老师云岩去世。为师服完丧后，洞山踏上了云游的旅途。有一天，洞山趟水过江。走到江心时，忽然看到映照在水中的自己的倒影。于是洞山幡然大悟，咏了一首偈：

| | |
|---|---|
| 切忌随他觅 | 切忌随着他人寻寻觅觅， |
| 迢迢与我疏 | 因为和"我"遥远相隔。 |
| 我今独自往 | "我"一人独自前往， |
| 处处得逢渠 | 却处处和"渠"相遇。 |
| 渠今正是我 | "渠"现在正是"我"， |
| 我今不是渠 | 可"我"现在却不是"渠"。 |
| 应须与摩会 | 如此这样领会， |
| 方得契如如 | 才能真正领悟"我"与"渠"。 |

洞山这首过江时作的偈被后人称为"过水偈"。至此，洞山终于懂得了先师遗言的真正意思。先师临终留下的教诲是"只这个汉是"（只是这个，就是这条汉）（《祖堂集》卷5"云岩昙晟章"，253页）。

过江的自己和倒映在水中的自己，看着这两个自己，洞山开悟了。

现实态的"我"和本性的"渠"，二即一，一即二，处在这不即不离关系中的自己才是先师云岩所说的"只这个汉是"（只是这个，就是这条汉）的意思。这也是当初石头指点五泄的"只这个汉"。

《祖堂集》描述趟水过江时洞山所在的位置：

> 离这岸未到彼岸时

因为是徒步趟水过江，所以理所当然地有在离了这岸但还没有到达彼岸的一段时间。可是，仅见于《祖堂集》中的这句话，看似无关紧要，其实却不单单只是对洞山所在位置的说明。"彼岸"，当然也包含有佛教中"彼岸"的意思。那么"这岸"，自然也就有佛教中"此岸"的意思。现实态的此岸世界和本性的彼岸世界，两个世界之间有一条既不属于此又不属于彼的中界线，也就是当初五泄所处的"一脚在内，一脚在外"的那条线。此岸和彼岸之间，迷和悟之间，正是这永恒的中间世界，最完美地映照出了本性的自己和现实态的自己之间不一不异的姿态。

云岩也留下了一段和同门弟子道吾圆智的对话。

> 云岩正煎茶。道吾问："你在干什么？"
> "煎茶。"
> "给谁喝？"
> "有'一人'想要。"
> "为何不让他（伊）自己煎？"
> "正好我（专甲）在这里。"

> **【资料27】** 师煎茶次,道吾问:"作什摩?"师曰:"煎茶。"
> 吾曰:"与阿谁吃?"师曰:"有一人要。"道吾云:"何不教
> 伊自煎?"师云:"幸有专甲在。"
>
> (《祖堂集》卷5"云岩昙晟章",中华书局,2007
> 年,252页)

煎茶,乍一看,不过是日常生活中平凡的一幕。不过,这里想要喝茶的"一人",实际上暗示的是云岩自身的本性的自己。而道吾也领悟到了云岩的意思,所以说"为何不让'伊'自己煎?""伊"是第三人称代词,和洞山"过水偈"中的"渠"一样,代指本性的自己。

但是,本性的自己与现实中的动作行为无关。煎茶这一行为,只能通过现实态中生身的自己才能实现。于是云岩说了"幸有专甲在"。嗯,正好我在这里,所以我就煎了。

当然,这里并没有两个云岩,而是云岩自己煎茶自己喝。其实就是这么简单的事。但是,即使是在如此平常的生活细节中,石头门下的禅者们也不忘探求真理,探求本性的自己和现实态的自己的二即一,一即二——"渠"今正是"我","我"今不是"渠"——这一不即不离的关系。

关于云岩,还流传有这样一个问答:

有一天,住持云岩正在扫地。

寺主(寺庙总管)见了说:"这点小事,哪里要劳驾长老您亲自动手呢!"

云岩说:"有一人没有动手。"

寺主说:"在哪里呢,哪里有第二个月亮?"

于是云岩竖起扫帚说:"那么这是第几个月亮?"

寺主无话可对。

【资料 28】师扫地次,叶寺主问师:"何得自驱驱?"师曰:"有一人不驱驱。"寺主曰:"何处有第二月?"岩竖起扫帚云:"这个是第几月?"寺主无对。

（《祖堂集》卷 5"云岩昙晟章",中华书局,2007年,255 页;同卷 12"荷玉匡慧章",545 页）

云岩话中"有一人没有动手"的"一人",和前面煎茶问答中的"一人"是同一个意思。现实态中的"我"不论如何辛勤劳作,本性的"一人"总是超越它而存在着。

寺主问,那另一个月亮——"第二月"在哪里呢？这是对云岩的反驳,意思是月亮只有一个,自己又何来两个呢？（"第二月"是《圆觉经》《首楞严经》中所用的比喻,真月之外还见到一个月亮的幻影。参照《梦中问答集》下六七。）

于是云岩把手中的扫帚竖起来,问道:"那么这是第几个月亮？"

竖起扫帚的这个我,是真正的月亮呢,还是另外一个月亮呢？没有动手的"一人"和竖起扫帚的"我",二者俨然有别,可是这里却并没有两个云岩。

本性的自己和现实态的自己,虽然二者迥然有别,却总是处于二即一、一即二这样不即不离的关系中。

日本中世曹洞宗僧人莹山绍瑾曾对弟子峨山韶硕说"不知月有两个者,不能成洞上种草"（《峨山和上行状》）,意思就是不知道月亮有两个的人无法继承曹洞的禅法。这正是针对本性的自己和现实态的自己之间不即不离的关系来说的。

与主张本性即现实态的马祖禅一样,对石头禅的怀疑和批判最早也是出现在派系内部。人们开始意识到石头禅的局限。

一个叫岩头全豁的禅者曾经这样评价洞山说:"洞山好个佛,只是无光彩。"对于前面提到的"过水偈",也断然批判说:

"若与摩,则自救也未彻在(若单凭这个,连自己也救不了)。"
"他时后日,若欲得播扬大教去,一一个个从自己胸襟间流将出
来,与他盖天盖地去摩!(若要弘扬大教,字字句句,须从自己
心中迸发而出,才能盖天盖地。)"(《祖堂集》卷 7"岩头全豁章",
中华书局,2007 年,337、339 页)

本性和现实态之间的关系玄妙而深远。对这个关系的探
求使禅越来越趋于内向化,从而失去了走向外部现实世界的活
跃生机。岩头的话正是对石头禅的批判。

到了唐末五代,马祖禅和石头禅的高度结合以及灵活运用
成为课题。临济主张的"无位真人"——"作用即性"的"主人
公"化——正是对这个课题作出的一个回答。对现实态自己的
直接肯定,和对超越现实态自己的探求,这两种观点的对立、交
错以及融合,也就成为这之后禅思想史的基本格局。

# 三、盘珪和损翁

## 1. 盘珪的"不生之佛心"

在这一禅思想史的基本格局中有着各种各样的相关问题
和事例。这里举个千年之后的日本江户时代的例子。先让我
们看看盘珪禅师的禅。

盘珪提出了"不生之佛心"的观点。所谓"不生",即非后天
所生,而是天生本来具有的。父母生就的只是这一个"不生之
佛心"。只要意识到这点,那么睡觉时是"佛心"在睡,起床时是
"佛心"在起,走路也好静坐也好,说话也好沉默也好,吃饭穿
衣,所有的都是"佛心"的营为。如此一来,平生自己就是"活
佛",不论何时何地,没有不是"佛"的时候。所以为了成"佛"而

历尽艰辛,坐禅中稍打瞌睡便敲打斥责等,这些都是天大的误会。与其立志成为"佛",不如相信自己就是"佛"。这样可以省去不少麻烦,实在是条捷径。

盘珪禅可以说是对唐代禅,尤其是马祖禅原始生命力的生动再现。盘珪的语言通俗易懂,比如说:

> 平生处于"不生之佛心"之人,睡觉时以佛心睡,起床时以佛心起,走路时以佛心走,坐下时以佛心坐,站立时以佛心站,停留时以佛心停,睡着时以佛心睡着,醒来时以佛心醒来,说话时以佛心说,沉默时以佛心沉默,吃饭时以佛心吃,喝茶时以佛心喝,穿衣时以佛心穿,洗脚时以佛心洗,任何时候,佛心常住,没有片刻不是佛心。事事物物,随缘任运,七通八达。
>
> (铃木大拙《盘珪禅师语录》,岩波书店,"岩波文库",2003年,99页)

> 人人为成佛而使尽气力。因见坐禅打瞌睡之人,便又打又骂。错。不用为成佛而辛苦。与其辛苦为成佛,人人皆父母所生,父母所生别无他物,只有一个"不生之佛心"。只要时时处于"不生之佛心"中,睡觉时以佛心睡,起床时以佛心起,平生是活佛,无时不是佛。自身总与佛同在,却又何必另寻佛。与其辛苦为成佛,不如平生皆做佛。此为捷径。
>
> (铃木大拙《盘珪禅师语录》,岩波书店,"岩波文库",2003年,90页)

盘珪还说,人人天生具有空灵的"不生之佛心"。因为有了这个"不生之佛心",所以一切事情都能恰如其分圆圆满满。就是现在,你在听我说法的这一刻,乌鸦的声音、麻雀的声音传到你的耳朵里。你并没有特意去听去分辨,可是乌鸦声就是乌鸦声,麻雀声就是麻雀声。钟声,鼓声,男声,女声,大人声,小孩声……你不会混淆它们,每种声音清清楚楚、分分明明,你不会将它们搞错。这就是"不生之佛心"的神秘妙用。在"不生之佛心"之中的人,未来永劫都将是"活如来"。

盘珪反反复复强调这个"不生之佛心":

> 禅师对众人说,人人从父母处生来,父母只生一个佛心,此外没有别物。这佛心是不生的,是极空灵的。不生之佛心,佛心不生且空灵。因为不生,所以万物完美无缺。不生而万物完美的证据,比如说众人现在都看着我听我说法,背后传来乌鸦的声音、麻雀的声音。众人并没有特意想去听的念头,可是乌鸦的声音、麻雀的声音听得分分明明。这就是不生在听。一切事情都是这样,因为不生而完美无缺。这就是不生的证据。只要众人心中坚定这不生空灵的佛心,随时随地处在不生之佛心中,那么从今天起,就是未来永劫的"活如来"。从今天起众人皆在佛心中,我宗可以称为佛心宗。

> 此时此刻,众人都看着我听我说法。背后有麻雀的声音,众人却没有把它听成乌鸦的叫声。有敲钟的声音,众人却没有把它听成打鼓的声音。有男子的声音,众人也没有把它听成妇人的声音。有大人的声音,众人也没有把它听成小孩子的声音。一个一个不同的声音,众人听得分分明明,绝对不会混淆。这就是空灵的作用。这就叫佛心的不生,佛心的空灵。这就是空灵的证据。

> (铃木大拙《盘珪禅师语录》,岩波书店,"岩波文库",2003,33 页。另可参照同书 101、65 页等)

盘珪擅长于用平易近人的语言来说法。翻开盘珪语录,你会发现处处通俗易懂、处处生机勃勃。虽然没有深奥的禅语,但是很明显,它无疑是保唐寺无住和马祖禅的忠实而大胆的再现。

铃木大拙曾经评价说，盘珪的现成自然不单单只是单纯的现成自然，而是经历了一切皆空的绝对否定之后，"般若即非"的现成自然。不过，与其说这是盘珪的思想，不如说是大拙自身的思想（关于大拙的思想，我们将在第四讲详细叙述）。

"即心是佛""作用即性""平常无事"。盘珪不仅仅是在祖述古代中国禅，他说的也是此时此刻人人皆可以真实感受到的、体现在每个人自己身上的生动的事实。这就是盘珪的禅，畅快而豁达。

### 2. "驴前马后的汉"

可是，盘珪禅在江户时代的元禄时期遭到了曹洞宗僧人损翁宗益（1650—1705）的批判。损翁宗益的法嗣面山瑞芳在《见闻宝永记》中记载了以下一段话：

> 白盖老尊宿是奥州永德寺的前住持，因事离开寺庙暂住在泰心院。白盖说年轻时曾经在网干盘珪门下参学。有一次，有僧问白盖，盘珪禅的大要究竟是什么。白盖告诉他，盘珪禅师常常说："只要守住不生就好。人人皆有佛性，只是被妄念掩盖了。所以只要不生妄念，那么佛性自然会显现。如果还不懂，那么我再举个例子。当你坐禅的时候，有钟声传到你的耳朵。如果这时你心里想，啊，这是钟声，那么这就是妄念。如果不加思量就知道是钟声，那么这就是'本有圆成的活佛心'。所以，只要守住不生，那就是你自己。"
>
> 师（损翁宗益）听到后说："盘珪果真是这样说的吗？如果盘珪真是只有如此见解的话，那他至今还没能跳出凡夫的窠臼，又何以谈得到佛性佛心！为什么呢？不思量而接纳称为'受'，这只不过是五蕴的第二。所以古人（宗密）

曾经说过，不接纳任何'受'才是'正受'。而盘珪却把这些'受'看作'本有圆成的活佛心'，这无疑是南辕北辙的愚蠢之举。连二乘的小路都还没能进入，更别说佛祖的大道。祖师(三祖《信心铭》)曾经说：'毫厘有差，天地悬隔。'稍有差池便会天悬地隔。盘珪的见解正如此话所说。洞山祖师的'驴前马后的汉'，长沙景岑禅师的'无量劫来生死本，痴人唤作本来人'，说的其实都是这个事。这个事既严重又深刻，令人不得不小心翼翼。不过盘珪禅师是不是真的这样说过让人怀疑，也许只是道听途说之人的卖弄而已吧。"

> **【资料29】** 有白盖老尊宿，奥州永德寺前住也。因事退院，来寓泰心。自谓壮年参网干盘珪禅师。或僧因问盘珪禅师法要。白盖谓珪禅师常示人云："但守不生。人人各各本有佛性，为妄念见蔽。是故妄念不生，即是佛性。欲委悉则更闻。譬如定中闻钟声时，思量是钟声者妄念也。不思量而知钟声底物，是即本有圆成活佛心也。以故但守不生，则便当人耳。"师闻之云："盘珪实止如此与！若实如此见解，则未出凡夫之窟。岂及佛性佛心之谈哉！何者？不思量而领纳底是名受，即五蕴第二耳。是故，古德云：'不受诸受，是名正受。'若认此受以为本有圆成活佛心，则北辕向越也。未入二乘之小径，况佛祖大道乎！祖师云：'毫厘有差，天地悬隔。'实是天地悬隔。洞山祖师云'驴前马后的汉'，长沙云'无量劫来生死本，痴人唤作本来人'，皆指此也。可不恐而惶哉！虽然，疑珪老者不如是，但途说也耳。"
>
> (《续曹洞宗全书》第9卷"法语·歌颂"，曹洞宗全书刊行会，1974年，422页上)

"洞山祖师的'驴前马后的汉'"是指洞山良价和僧人的问答。有一次,洞山问僧:"你的主人公在哪里?"僧人对答如流说:"现在此刻正在回答您问话的人。"看来这僧人已经掌握了马祖式禅问答的标准答案。可是,没想到洞山听后叹道:"如今的人都把驴前马后的东西当作'自己'的主人公,看来佛法真是要灭亡了。"[①]

"驴前马后"是指跟在驴前马后跑来跑去的下人或奴仆,真正的主人公是骑在驴背上马背上的人。这是对本性(体)和作用(用)打的一个比方。也就是说,把身心的生理作用看作"自己"的主人公,就和把跟在驴前马后的仆人错认作马上的主人一样,是颠倒黑白的事。

长沙景岑的"无量劫来生死本,痴人唤作本来人"也是类似的话题。

某大臣认为自己已精通马祖禅,于是前来拜访长沙,对长沙说:"无视现在在你面前和你问答的人,却又何来另一个主人公?"于是长沙教诲他说:"不论如何位高权重,大臣就是大臣,又怎能把大臣叫成至尊的皇帝陛下呢?"然后作了个偈子(《景德传灯录》卷10"长沙章"):

| | |
|---|---|
| 学道之人不识真 | 学道的人不认识"真", |
| 只为从来认识神 | 那是因为从来认"识神"。 |
| 无始劫来生死本 | 无始劫以来造成生死轮回的罪魁祸首, |
| 痴人唤作本来身 | 愚蠢之人却把它唤作"本来身"。 |

"识神"不过只是意识的生理作用,是生死轮回的罪魁祸

---

① 《景德传灯录》卷15"洞山章":师问僧:"名什么?"僧曰:"某甲。"师曰:"阿那个是阇梨主人公?"僧曰:"见祇对次。"师曰:"苦哉!苦哉!今时人例皆如此,只是认得驴前马后,将为自己。佛法平沉,此之是也。客中辨主尚未分,如何辨得主中主?"僧便问:"如何是主中主?"师曰:"阇梨自道取。"僧曰:"某甲道得即是客中主。如何是主中主?"师曰:"恁么道即易,相续大难。"

首。可是愚蠢之人却把它当作本来的自己，而迷失了真实。[1]

长沙和赵州同为南泉的弟子，也就是马祖的徒孙。可见他也早就对马祖"作用即性"产生了怀疑。

把"不生"解释为"不生妄念"，正如当时"北宗"那样，把"佛心"和"妄念"的关系看作皓日和浮云、镜子和灰尘。白盖转述的盘珪的话的确有些平板而且落入俗套。不过，也不能简单说那是白盖对盘珪禅的误解或歪曲。可是损翁却一口断定那是道听途说的误传。因为如果盘珪真的是这么主张的话，那么他的主张与洞山和长沙所批判的东西并无二致。所以损翁认为盘珪这么大力量的禅者绝对不会说这么没水平的话。其实，与其说是损翁对盘珪的评价如何如何，不如说是损翁自己怎么也不能接受"作用即性"的禅。

对现实态自己的肯定和否定——这一对立成为禅宗流派的分歧点。它所拥有的深远意义，即使在遥远的后世，直至江户时代的日本禅门，仍然没有消失。

---

[1] 《景德传灯录》卷10：有客来谒。师召曰："尚书。"其人应诺。师曰："不是尚书本命。"对曰："不可离却即今祗对别有第二主人。"师曰："唤尚书作至尊，得么？"彼云："怎么总不祗对时，莫是弟子主人否？"师曰："非但祗对与不祗对时，无始劫来是个生死根本。"有偈曰："学道之人不识真，只为从来认识神。无始劫来生死本，痴人唤作本来身。"（训注本第4册，12页）

# 第三讲

从问答到公案,从公案到看话——宋代禅

# 一、宋代禅宗和公案

## 1. 朱子参禅

第三讲我们看看宋代的"公案"禅。

首先请大家读一读宋代禅门随笔《枯崖漫录》中记载的一则逸事：

> 江西云卧莹庵主曰，径山谦首座归建阳，结茅于仙洲山。闻其风者，悦而归之。如曾侍郎天游、吕舍人居仁、刘宝学彦修、朱提刑元晦，以书牍问道，时至山中。有答元晦，其略曰："十二时中，有事时，随事应变。无事时，便回头，向这一念子上提撕。'狗子还有佛性也无？赵州云：无！'将这话头只管提撕。不要思量，不要穿凿。不要生知见，不要强承当，如合眼跳黄河，莫问跳得过跳不过，尽十二分气力打一跳。若真个跳得，这一跳便百了千当也。若跳未过，但管跳，莫论得失，莫顾危亡。勇猛向前，更休拟议。若迟疑动念，便没交涉也。"谦尝从刘宝学请，住建之开善。向与云卧同侍大慧最久。刘朔斋云："文公朱夫子，初问道延平，箧中所携惟《孟子》一册，《大慧语录》一部耳。"
>
> （《枯崖漫录》卷 2，《禅宗全书》第 32 册，590 页）

朱元晦也就是朱熹（1130—1200），朱子学的鼻祖。大家都知道，朱子年轻时对参禅很热心。不过，对参禅热心的不只朱子一人。上面这段《枯崖漫录》的记载，虽然我们不能把它当作完全真实的历史记录来看，但至少可以从中了解到禅给宋代士大夫社会所带来的广泛而深刻的影响。

第二讲中我们谈到唐代禅的主流是马祖禅。后来石头禅兴起成为第二主流。但是石头禅实际上是建立在马祖禅的基础上,其主张就是为了否定和批判马祖禅。我们曾经把马祖禅归纳为以下三条:

(1)"即心是佛"——自己的心就是佛;

(2)"作用即性"——自己身心的自然行为作用都是佛性的表现;

(3)"平常无事"——摒弃人为努力,只要做到随意自然就好。

前面我们已经说过,整理成三点是为了便于说明。其实这三点原本说的是同一件事。自己的心就是佛,所以自身所有营为都是佛作佛行,因此没有必要为成佛而特地修行,只要"平常""无事"就好。也就是说,本性的自己和现实态的自己之间可以直接画等号——自然存在的自己,以及对自然存在的自己原封不动的、自然的认同——就是马祖禅的基本精神。

对这一观点,马祖的门下弟子中很早就有人表示出了怀疑,甚至提出了批判。与此同时,石头系禅者们则开始了对本性自己的探求。他们把这不能完全等同于现实态自己的本性的自己,称呼为"渠",或者"一人"。

但是,马祖禅的基本精神不只在唐代,即便到了宋代,也依旧作为中国禅宗的基调发挥着巨大的影响力。当然,和其他任何伟大思想一样,由于其影响太广泛,自然就无法避免敷衍潦草的世俗化弊病。如何克服与超越唐代马祖禅,这成为宋代禅者们面临的挑战。他们开始朝着新的方向,寻求新的思想和新的实践方法。这也是历史发展的必然趋势。

## 2. 公案禅——"文字禅"和"看话禅"

宋代的禅,用一句话概括,就是禅的制度化时代。禅的制度化包含两个意思。一个是外在的层面,指禅宗被纳入到政治、经济、文化等种种国家体制中。还有一个是内在的层面,指禅宗内部的组织结构、修行方式等被逐渐制度化和规范化。

宋代把主要的禅宗寺庙列为官寺。官寺受朝廷支配,寺庙住持的任免及调动都需要得到朝廷许可。这样一来,寺庙组织的经营、寺庙产业的管理运用、寺庙与士大夫文人官僚阶层的交往等,就成为高僧们的重要工作(这好像和现在的大学很相似)。另一方面,对于士大夫们来说,尽管多多少少有程度上的差异,但是总的说来,与禅的接触可以净化心灵,增加教养,深化思想,或许还可以成为作诗作文的素材。参禅甚至还是官场人脉的来源。

在这样的时代潮流中,为国家、为皇帝祈祷成为禅宗寺院的定期业务,寺院内部形成了近似于官僚机构的有组织、有级别的职务体系,种种禅门规矩被拟定为"清规"得以实施。在修行方面,教材和教学方法也不断标准化。如果说唐代禅的修行犹如徒弟们侍奉在师父身边打长工的话,那么宋代的禅就是学校的技术培训班。具体培训方法就是使用"公案"。把"公案"作为指定的教材,对"公案"的参究成为修行的中心。所谓"公案",是指精选出来的古人问答记录,是禅门共有的古典典籍。

"公案"的参究方法,大致可以分为"文字禅"和"看话禅"两种。

"文字禅"就是通过对公案的评论和再诠释以阐明禅理。其具体方法有"代语"(提出对"公案"的代案)、"别语"(提出对"公案"的别解)、"颂古"(用诗偈对"公案"进行批评)、"拈古"(用散文对"公案"进行批评)、"评唱"(用前人的"颂古""拈古"对"公案"进行讲读和提唱),等等。

这种"文字禅"的参究方式非常典型地体现了士大夫的文化传统,那就是背诵大量的儒家经典或史书,以及古诗古文。而且不只是记忆,同时还需要把它们作为典故自如地运用到自己的诗文中——所谓"科举",培养的就是这种能力。宋代官僚全是通过"科举"选拔出来的。

那么"看话禅"又是什么呢?将精神全神贯注地集中到一个特定的公案中,全身心投入达到极限的那一瞬间,突然桶底脱落,恍然大悟,通过这一真实体验以获得彻底了悟。"看话禅"最重视、最常用的就是"赵州无字"公案。本讲开头提到的朱子参禅逸事,暂且不论其历史真实性究竟如何,却非常生动地再现了运用"无字"公案的"看话禅"参禅气氛。

如果用时代来划分,宋代是"公案禅"的时代,其中北宋时期"文字禅"占主流,到北宋末期大慧宗杲时,"看话禅"开始兴起。不过,虽然"看话禅"以强大势力席卷了整个禅林,但是"文字禅"也并没有被完全淘汰。"看话禅"集大成者大慧宗杲本人就留下了大量"文字禅"作品。用"看话禅"来大悟禅理,用"文字禅"来表达禅理,这成为南宋以后禅宗发展的大方向。

有一段时期,不论是广义的还是狭义的,"公案禅"这个说法被滥用在各种场合,造成极大混乱。特别是将"公案禅"和"看话禅"作为同义词使用,这种轻率的用法使问题变得更加复杂化。比如说,道元强调"只管打坐"的同时不也在使用公案吗?反对使用公案的道元为什么会有公案集的著作呢?等等。

但是,如果把"公案禅"解释为利用"公案"进行禅修的一种修行方式,"文字禅"和"看话禅"只是"公案禅"下的两个小分类,这样整理一下问题就迎刃而解了。也就是说,道元反对的是"看话禅",而不是所有的"公案禅"。道元的著作《正法眼藏》其实正是用日文假名著述的批判"看话禅"的新式"文字禅"。

**3. 从《汾阳颂古》到《碧岩录》**

"文字禅"的系统化应该说始于北宋初期的临济宗僧人汾阳善昭（947—1024）。汾阳著述的《汾阳颂古》收集了汾阳自选的百则古人问答，每则附以诗偈。《汾阳十八问》则是以发问的形式对禅问答进行分类。

继汾阳之后将"文字禅"发展到极致的，有云门宗僧人雪窦重显（980—1052）的《雪窦颂古》，以及临济宗僧人圆悟克勤（1063—1135）的《碧岩录》。《雪窦颂古》近似于《汾阳颂古》，是雪窦自选的百则公案以及所附的诗偈。后来，圆悟对《雪窦颂古》中的公案和诗偈一一进行讲读，讲读记录也就是《碧岩录》。

《碧岩录》可以说是"文字禅"的精华。书中对公案和颂古的详细评论，以及对公案中登场人物丰富多彩的轶事的介绍，使它不愧成为禅门的共用教科书。

不过，近年的最新研究表明，圆悟的评唱并不只是停留在书面的论评上，同时还具有强烈的实践性意向。他不但对当时的通俗观念进行了猛烈的抨击，而且还要求修行者真正地达到大彻大悟。

这里，我们把圆悟的评唱归纳成三点：

（1）对"作用即性"和"无事"禅的否定——随意自然地肯定现实态的自己无疑是迷妄之想；

（2）"无事"（0度）→大悟（180度）→无事（360度）的圆环逻辑——不能安住于现成自然的现实态，必须要获得彻底的大彻大悟。只有体验过大彻大悟，才能真正领悟一切圆成于现成自然的现实态之中；

（3）主张"活句"——为了达到大彻大悟，需要抛开试图从字句上合理解释公案的想法，把公案看作没有任何逻辑、没有任何意义的语言。

不过,这三点主张仅仅是散见于《碧岩录》中,三者之间的相互关系也不太明了。但是,如果我们将它们连起来思考,就能推测出圆悟的潜在意图。通过参"活句",打破现成自然的现实态的"无事"以达到彻底大悟。这样的禅,距离大慧宗杲的"看话禅"不也就只有一步之遥了吗?

确立"看话禅"的大慧宗杲(1089—1163)是圆悟的法嗣,这不是偶然。从圆悟到大慧,从《碧岩录》到"看话禅",这是一个连贯的思想史历程,与大慧烧毁《碧岩录》刻板的传说并不矛盾。传说产生的起因是当时禅林中人把《碧岩录》当作"文字禅"的宝典盲目崇拜,为了杜绝这种风气的蔓延,大慧果断地采取了烧毁刻板的行动。

宏观上看来,正因为《碧岩录》将"文字禅"发展到了极致,所以才为后来的"看话禅"开辟出一条路。《碧岩录》一书真实反映了宋代禅是在超越唐代禅的过程中形成的。

# 二、野鸭子的故事与唐代禅批判

## 1. 对"平常无事"的批判

让我们举个具体的例子来看。还是第二讲中提到的马祖与百丈的野鸭子问答(《碧岩录》第五三则"马大师野鸭子"【资料 13】):

> 马祖和弟子百丈怀海同行。一只野鸭子从面前飞过。
> 马祖问道:"是什么?"
> 百丈说:"野鸭子。"
> "哪里去了?"
> "飞走了。"

马祖一下子揪住百丈的鼻子。

"痛！痛！痛！"

百丈忍不住叫唤起来。

于是马祖说了一句："何曾飞走？"

圆悟在评唱公案的时候，时常对当时流行的通俗观念给予辛辣的讽刺与批判。在上述公案的评唱中，他也狠狠抨击了所谓的"而今"见解：

> 当今之世，有人说："'悟'原本就不存在。只不过为图方便，姑且设个'悟'门，建立个'向上最高事'。"说这种话的人，就和寄生在狮子身上吃狮子肉的虫一样。古人不也说过吗？"源不深，则流不长，智不大，则见不远。"如果仅仅只为图方便就编造出那门那事，佛法又何以能流传到如今？

【资料30】而今有者道："本无悟处，作个悟门，建立此事。"若恁么见解，如狮子身中虫自食狮子肉。不见古人道："源不深者流不长，智不大者见不远。"若用作建立会，佛法岂到如今？

（入矢、沟口、末木、伊藤译注《碧岩录》，岩波书店，"岩波文库"，1994年，中，209页）

当时的禅林中流行着这样一种说法："原本就没有什么'悟'，'悟门''向上最高事'等也只不过是为图方便临时打出的招牌而已。"圆悟认为这是一种谬论，对此大加非难而称其为"狮子身中虫"。"悟"只是假设的存在，所以根本不用求。任随自然的现实态，这才是道。不用说，这种说法其实就是"平常无事"的马祖禅的延续。但是，圆悟却坚信，"悟"的体验的的确确地、真实地存在着，所以他对"平常无事"禅进行了猛烈抨击。

**2. 对"作用即性"的批判**

继前文之后,圆悟还批判了这种见解:

> 近来,有些人对这个话头有误解。只要一发问,便即刻哀嚎"痛!痛!痛!"虽然可喜,可是你仍旧未能跳出那个窠臼。……如果你只是像依附在草木上的亡灵一样,只是认得个"驴前马后"的话,又有何用处?看看吧,看看马祖、百丈的机锋作用!它们看起来是多么"昭昭灵灵",可是却又没有停留在"昭昭灵灵"处!

【资料31】而今有底错会,才问着便作忍痛声。且喜跳不出。……若只依草附木,认个驴前马后,有何用处。看他马祖百丈怎么用。虽似昭昭灵灵,却不住在昭昭灵灵处。

（入矢、沟口、末木、伊藤译注《碧岩录》,岩波书店,"岩波文库",1994年,中,210页）

只要提到"野鸭子"公案,学人便立刻叫唤"痛!痛!痛!"这个回答似乎在宋代禅门中很流行。人人变成被拧鼻子的百丈,在感受痛痒的瞬间意识到现实态的生身的自我。这种马祖禅的现场表演,虽然不乏轻薄之感,但是从理论上说,毫无疑问是对马祖禅"作用即性"的祖述。

但是,圆悟却对这样的风气感到深恶痛绝。他断然指出,不能用"作用即性"来理解马祖、百丈野鸭子问答,不能把本是用的"驴前马后"当作体。马祖、百丈的行为看起来似乎"昭昭灵灵",但是其本质并不在"昭昭灵灵"处——圆悟说的就是这个意思。

关于"驴前马后",我们已经在第二讲中学习过了。骑在驴马背上的是主人,跟在驴前马后跑上跑下的是奴仆。这是针对本性(体)和作用(用)打的比喻。"昭昭灵灵"是个形容词,形容见闻觉知、言语动作生动活泼、明明白白的样子,也指的是作用。

对野鸭子问答,圆悟一边承认从"作用即性"的观点来解释它亦是合情合理的,一边却又要将它与"作用即性"剥离开来。顺便说一句,朱子曾回忆年轻时在大慧弟子开善道谦处参禅的经历,说道谦评价自己似乎知道"昭昭灵灵"的禅——只知道"昭昭灵灵"的禅(《朱子语类》卷一〇四)。

以上引用的两段话,一个是对"平常无事"的批判,一个是对"作用即性"的批判。两段话分别位于《碧岩录》正文的两处,相互间似乎也没有什么关联。不过,从讲义中我们可以知道,这两段话并非没有关联。那么,圆悟的意图究竟在何处?

让我们再看一个公案的例子。

## 三、赵州七斤布衫

《碧岩录》第四五则"赵州万法归一",叙述的是这样一个故事。赵州是马祖弟子南泉的弟子,也就是马祖的徒孙:

> 僧问:"不是说一切事物归于根本的一吗? 那么那个一又归于何处呢?"
> 赵州答:"我在青州缝了一件布衫,有七斤重。"

【资料 32】僧问赵州:"万法归一,一归何处?"州云:"我在青州作一领布衫,重七斤。"

(入矢、沟口、末木、伊藤译注《碧岩录》,岩波书店,"岩波文库",1994 年,中,141 页)

一切存在都归于本源的一,那么一又归于何处呢? 对于僧人的提问,赵州和尚只说了一句话:"我在青州缝了一件布衫,有七斤重。"赵州的回答到底是何意呢? 我们暂且把《碧岩录》放在一边,先看看这个问答的原意究竟在何处。

首先,关于"青州"这个地名,《宋高僧传》卷一一"赵州传"中写道:"释从谂,青州临淄人。"青州在今天山东省淄博市。这里重要的不是要确认青州在地图上位于什么地方,而是我们需要知道青州是赵州和尚籍贯所在地。

籍贯与姓名、家庭关系一样,是考察人物的重要因素。即便在今天的中国亦是如此。在禅宗问答中也不例外。玄沙禅师为了让师弟长庆慧棱领悟到"直下是你"——直截了当,你就是你自己——的意思,两人之间进行了长长的问答。其中有这么几句话(《玄沙广录》上,禅文化研究所,1987 年,26 页):

> "你是棱道者,作么不会?"
> "只是棱道者,不用外觅!"
> "你是两浙人,我是福州人,作么生不会?"
> "若闻鼓声,只是你。"

这几句话其实都是"直下是你"的另外一个说法。"你是慧棱,为什么不明白?""正是慧棱不是别人,不用向外求。""你是两浙人,我是福州人。"也是同样的意思。

说出自己的籍贯,言明自己是何方人士,也就含有"直下是你"——自己不是自己以外的任何人,自己以外的任何人都无法成为自己——的意思。而且,这不是观念上的自我意识。正如打鼓声此刻正传入你耳中一样,是活生生的生身的自己(这里我们可以想起第二讲中说到的盘珪禅师)。

接着我们再看"布衫"的问题。"布"就是麻布,"衫"就是短袖单衣。与外出做客时穿的正式衣服不同,"衫"是贴身穿的家常便服。

唐代僧人寒山的《寒山诗》中,有一首关于"襦"的诗。"襦"是齐腰的短衣,和"布衫"一样也是贴身穿的家常便服:

| 我今有一襦 | 我有一件襦衣, |
| 非罗复非绮 | 既不是罗也不是绮。 |
| 借问作何色 | 问起它是什么颜色呢? |
| 不红亦不紫 | 不是红也不是紫。 |
| 夏天将作衫 | 夏天我把它当作汗衫, |
| 冬天将作被 | 冬天把它当作棉被。 |
| 冬夏递互用 | 冬天夏天交替穿, |
| 长年只者是 | 长年累月就这样。 |

（入矢义高《寒山》,岩波书店,《中国诗人选集》5,1958 年,134 页）

诗中所咏的"襦",比喻就这样的自己、就这样自然地存在着的现实态的自己——用禅语来说就是"自己本分事"。最后一句"只者是"为唐代禅僧常用语,意思是就这样活着的自己,就这样活着的自己才是真实的自己。

那么,为什么赵州说布衫有"七斤"重呢?

关于这个问题,日本京都禅文化研究所出版的《景德传灯录》训读注本的注释颇富启发性（《景德传灯录 四》,禅文化研究所,1997 年,87 页注）:

七斤约四千克,相当于刚出生婴儿的体重。

如此一来,我们把对"青州""布衫""七斤"三个词语的解释还原到赵州的话里,前后结合起来,它的含义就浮现出来了。在青州缝制的七斤重的布衫,也就是在青州呱呱落地的、自然的、现实态存在的、这个肉身的自己,除此之外别无他物。

万法归一,一则归于现在此刻活生生的自己——就是现在,在我对面,向我发问的这个有血有肉的血肉之躯的你——除此之外别无二物。

赵州禅师希望修行僧领悟到的就是这个道理。

# 四、咬破铁馒头

## 1. 关于公案参究

以上我们说的是唐代禅。赵州和尚的基本立场和马祖一样,对现实态自己的随意自然地、直接地认同。但是《碧岩录》没有这样解释。

一般说来,唐代的禅问答,乍一看,虽然似乎匪夷所思,但是其中蕴藏着开悟的具体含义。让人觉得不可思议的原因是,禅师不是把答案直接告诉提问者,而是让提问者自己寻找答案。说得再明白些,就是让提问者自觉意识到,答案不必问人,答案就在提问者本人身上。禅问答中由于隐藏着这个窍门,故而让人感到费解。

不过到了宋代,禅问答被认为是一种不带有任何含义、与任何逻辑思维脱节的、绝对不可理解的语言,也就是"公案"。与任何意义不挂钩,与任何逻辑无关联,犹如一个坚硬的言语疙瘩。"公案"的参究,也就要剥尽修行者身上的理性思考力与判断力,穷追其心,使其陷入困境,然后能够舍身一跳,瞬间内心激发,达到大彻大悟的境界。

对于这个历史性的转折,日本室町时代的高僧梦窗疏石,也就是梦窗国师(1275—1351)这样说道:

> 古时大师,从未把自己话作为"公案"让学人参究。……可是,当今之人由于前世修行积累不厚,道心不

深，听到某某师一句话，就立刻从理论上来理解，觉得自己已经大悟，于是停止不前，不再努力。比这更愚蠢的是连理论也不能理解的人，在这里灰心丧气，一蹶不振。圆悟、大慧禅师大慈大悲，于是权设了参究"公案"这一方便之门。

**【资料 33】** 古时之大知识不以自家语为公案提撕。今时之人宿习不厚，道心不深。故而闻知识一言，或以情识推度，或自认得悟而止步不前。更有愚钝者，推度不能则觉无味而弃之。圆悟大慧以此为念，遂兴公案提撕之方便。

（《梦中问答》55，川濑一马校注《梦中问答集》，讲谈社，"讲谈社学术文库"，2000 年，157 页）

梦窗说的"古代"就是指唐代。唐代禅宗大师们不会把自己说的话当作"公案"去让修行者参究。可是，"今时"也就是宋代以后的人，因为前世修行积累少，道心浅，所以听到长老一句话，立刻就用逻辑思维来思考，认为自己已经大悟，于是就此罢休，不再努力。有人脑袋迟钝，连思考也不会，也就只好放弃。圆悟、大慧对此种状况十分担忧，于是兴起了参究"公案"的修行方法。以上是梦窗的解释。

实际上，参究"公案"的修行方法在圆悟、大慧之前就已经出现了。不过，也许在梦窗心目中宋代公案禅的完成者和代表者是圆悟和大慧，故而在这里列举了他们两人的名字。这段话从宏观上对唐代禅和宋代禅进行了对比，虽然不算是严谨的历史记录，但也无愧称之为梦窗的卓见。

那么，"公案"到底是什么呢？关于这个问题，梦窗打了个比方：

禅师给的"公案"，既不是为了通往净土，也不是为了成佛得道,当然更不是俗世的奇闻异事,也不是佛门的大道理。"公案"是情识思考不及的地方,所以称为"公案"。这就好比是个"铁馒头",只有在情识的舌头伸不到的地方,咬啊咬啊,就这样一直咬下去,总有咬破它的时候。到那个时候就肯定会知道,这个"铁馒头"既没有俗世间的五味六味,也没有出世间的法味义味。

> 【资料 34】 故而,宗师与人公案,既非为往生净土,亦非为成佛得道。既非世间奇闻,亦非法门义理。总在情识不计处。故名曰公案。譬如铁馒头,只在情识之舌伸不到处咬来嚼去,则必有咬破时分。彼时之时,始知此铁馒头既非世间之五味六味,亦非出世间之法味义味。
>
> (《梦中问答》32,川濑一马校注《梦中问答集》,讲谈社,"讲谈社学术文库",2000 年,107 页)

梦窗说到,禅的"公案"既不是往生净土和成佛得道的手段,也不是俗世的奇闻异事,也不是佛门的大道理。"总在情识不计处",也就是说,"公案"是一切思维感情、情识知解都达不到的地方,正因为如此才称之为"公案"。

梦窗把"公案"比喻成"铁馒头",意思是咬也咬不动,嚼也嚼不出味道,以此象征对"公案"的参究既插不进任何理论的分析,也引申不出任何意义和道理。所以只有在思维判断的舌头伸不到的地方硬咬,咬啊咬啊,一直咬下去,突然有一天,"啪"的一声,咬破它的时候就会来到。如此便到达大悟之境。到那时你就会明白,这个"铁馒头"与任何意义都是绝缘的。

尽管梦窗的"铁馒头"比喻是宋代禅者"铁酸馅"("酸馅"是指用酸菜馅代替肉馅的素斋包子)的翻版,但它的确非常形象地说明了公案禅的修行方法(参拙作《铁酸馅——从问答到公

案 从公案到看话》,《临济宗妙心寺派教学研究纪要》第 8 号,2010 年)。

从结论来看,圆悟就是把赵州"七斤布衫"的问答作为梦窗所说的"铁馒头"来对待的。圆悟就赵州问答进行评唱说:

> "一击便行"——一下子便恍然大悟,如果你"一击便行"便领悟了这个公案,那么天下的老和尚们都会败在你脚下,被你牵着鼻子走。于是,正如水往低处流,自然而然成条路一般,你将水到渠成,万事万物运用自如。相反,如果你稍用脑袋思考,片刻迟疑,那便会失去自己的立足之地。佛法要旨,既不在言语多寡,也不在语句繁简。
>
> 比如,僧问的是"万法归一,一归何处?"可是赵州却回答说:"我在青州缝制了一件布衫,有七斤重。"如果你从语句上来理解这个问答,那就错误地领会了问题的关键。不过尽管如此,如果抛开语句不管,可是僧问的是这个,赵州却回答的是那个,这又该怎么办呢?
>
> 这个公案难得见到却容易领会,容易领会却难得见到。难得见到是说,好像是用银铁打造的悬崖峭壁,任何人都无法靠近。容易领会是说,不容你说是非好坏,瞬间便透彻明白。这个公案与普化的"来日大悲院里有斋"公案如出一辙。

【资料 35】"赵州布衫"若向一击便行处会去,天下老和尚鼻孔一时穿却,不奈你何,自然水到渠成。苟或踌躇,老僧在你脚跟下。佛法省要处,言不在多,语不在繁。只如这僧问赵州:"万法归一,一归何处?"他却答道:"我在青州作一领布衫,重七斤。"若向语句上辨,错认定盘星。不向语句上辨,争奈却怎么道。这个公案,虽难见却易会,虽易会却难见。难则银山铁壁,易则直

下惺惺,无你计较是非处。此话与普化道"来日大悲院
里有斋"话,更无两般。

（入矢、沟口、末木、伊藤译注《碧岩录》,岩波
书店,"岩波文库",1994 年,中,142 页）

这里强调的是,悟不悟和言语无关,故而须一击便悟。圆悟
两次指出对于僧的提问,赵州"却"回答,其原因也就在这里。

对于僧的提问,赵州"却"回答——"却"字表示,圆悟认为
赵州的答话与僧的提问是完全不相关的、非逻辑的一句。而
且,对于这句话,既不能从语言上去理解,又不能完全脱离语言
去理解,只能是不用任何道理,将整个这句话一气领悟——也
就是说,把咬不动的"铁馒头",硬着头皮一口咬下去——圆悟
就是这样穷追不舍的。

### 2."佛法商量"与"佛法旨趣"

在这段话后面的评唱中,圆悟又引用了赵州"庭前柏树子"
问答,再次补充说明以上观点:

有一天,僧人问赵州:"什么是祖师西来意?"

赵州回答说:"庭前柏树子。"

僧人说:"和尚,请不要用东西来示人。"

赵州说:"老僧从来没有用东西来示人过。"

【资料 36】一日僧问赵州:"如何是祖师西来意?"州云:
"庭前柏树子。"僧云:"和尚莫将境示人。"州云:"老僧
不曾将境示人。"

（入矢、沟口、末木、伊藤译注《碧岩录》,岩波
书店,"岩波文库",1994 年,中,143 页）

　　这里我们也暂时抛开《碧岩录》，先看看唐代禅问答的原意在哪里。

　　我们已经谈到过，"祖师西来意"是指达摩祖师从西边天竺来到中国的意义。因为人们相信，是达摩把"以心传心"的佛法从印度传到中国，禅宗才得以大兴的。问"祖师西来意"是什么，其实也就是问禅宗根本教义，即第一义是什么。所以"如何是祖师西来意"与"如何是佛"一样，是最常见的禅问答。

　　对于僧人的提问，赵州只说了一句"庭前柏树子"。赵州说的柏树是指扁柏、侧柏之类的四季不变色的常绿乔木，不同于日语中的"柏"。"柏树子"的"子"和"椅子""拂子"的"子"一样，为名词接尾词，没有具体意义。

> "什么是祖师西来意？"
> "庭前柏树子。"

　　这一问一答，怎么看也是牛头不对马嘴，答非所问。

　　可是，实际上不是这样的。

　　马祖一开始就明确指出："自心是佛，此心正是佛。"达摩祖师从南天竺来到东土，就是为了让人们领悟到这一事（参照第二讲【资料 14】）。所以当僧人问赵州"什么是祖师西来意"时，赵州想告诉僧人的，无疑也正是"自心是佛，此心正是佛"这一道理。

　　可是，赵州为什么用毫不相关的"庭前柏树子"来回答提问者呢？

　　其实二者之间并非毫不相关。《赵州录》卷上记录了这样一个问答：

> 问："如何是学人自己？"
> 师云："还见庭前柏树子么？"

　　"学人"就是学道的人，也就是修行者。修行僧用来作为自己的谦称。

"我的'自己'是什么?""看到庭前的柏树子了吗?"

从这里我们自然可以看到这样一个关系:"学人的自己"＝现在看到柏树子的你这个人。

前面我们引用的《玄沙广录》中,玄沙为了使修行者领会到"直下是你"的意思,说了一句"若闻鼓声,只是你"。大家可以把二者联系起来理解。

"如何是祖师西来意?"州云:"庭前柏树子。"这个问答也是同样的道理。

赵州并不是说"庭前柏树子"就是"西来意"。"看,看,那庭前的柏树子",你看到了吗? 现在此刻,看到庭前柏树子的活生生的你。祖师就是为了直指那个活生生的你才来东土的。——赵州这样启发提问者。

可是,提问者还没有领会到赵州的意思,说"和尚,人家明明问的是'西来意',请您不要用东西来搪塞我"。提问者认为赵州说的是柏树子。于是赵州和蔼地再次回答道:"是啊,老僧也没有说什么东西啊。"是的,我从开始就没有说什么东西,我说的是看到东西的那个人,也就是你自己。

以上就是"柏树子"问答的原意。不过,对于这个问答,圆悟也断然没有按照原意来领会。评唱中在揭示了以上问答之后,圆悟说了这样一段话:

> 看吧,看赵州如何在无法转身处做了一个漂亮的转身,遮天盖地。如果赵州在这里没能转过身来,那么他将处处碰壁。那么,说说吧,赵州有"佛法商量"么? 如果说有,可是他哪里说过什么"心""性""玄""妙"呢? 可是,如果说赵州没有"佛法旨趣",可是他对僧的提问又的确作出了自己的回答,他并没有辜负僧的问话。

【资料 37】看他怎么向极则转不得处转得,自然盖天盖地。若转不得,触途成滞。且道他有佛法商量也无?若道他有佛法,他又何曾说心说性,说玄说妙。若道他无佛法旨趣,他又不曾辜负你问头。

（入矢、沟口、末木、伊藤译注《碧岩录》,岩波书店,"岩波文库",1994 年,中,143 页）

这里说到的"佛法商量",是指分节的、理论性的佛法解释。"佛法旨趣",是指不按分节的、理论性的,而是直截了当,直指佛法的本质所在、佛法的核心所在。

圆悟评价说,赵州没有陷入"佛法商量"的窠臼中,而是直指"佛法旨趣","庭前柏树子"就是这样的一个句子。这和前面"七斤布衫"相呼应——"如果你从语句上来理解这个问答,那就错失了问题的关键所在。话又说回来,如果抛开语句不管,可是僧问的是这个,赵州却回答的是那个,这又该怎么办呢?"(【资料 35】)

"从语句上来理解"就是"佛法商量"。同时,俨然存在于眼前的赵州的回答却正是对"佛法旨趣"的直接揭示。

圆悟告诉修行僧们,"七斤布衫"和"柏树子"有着同样的道理。赵州虽然嘴上说着"语句",实际上却断绝了"语句"的道理。虽然用着"语句",却没有陷入"佛法商量",而是直指"佛法旨趣"。

在"七斤布衫"中圆悟还说:"难得见到是说,好像是用银铁打造的悬崖峭壁,任何人都无法靠近。容易领会是说,不容你说是非好坏,瞬间便透彻明白。"(【资料 35】)这句话说的也是同一回事。若想通过"佛法商量"来合理地解释它,那就会陷入不可救药的境地。但是,如果抛开理论逻辑,"一击"(一下子)便将"佛法旨趣"囫囵吞下,那么"直下"(即刻)便会明明白白。

# 五、活句与死句

## 打破"无事"的"活句"

"佛法商量"与"佛法旨趣"两个用语在《碧岩录》中仅见于此处。但是类似的思想方法却随处可见。《碧岩录》使用最频繁的词语是"死句"和"活句"。圆悟在评唱公案时,常常把"不在言句上"或"须参活句,莫参死句"当作关键性的一句话来使用。比如说第二〇则本则评唱:

> 僧问祖师西来意。(大梅)却向他说"西来无意"。如果果真如此领会的话,则将堕入"无事"境界。所以说,"须参活句,勿参死句。在活句上悟得,可以永劫不忘,若在死句上悟得,你将自己也救不得"。

【资料38】只如这僧问祖师西来意,却向他道:"西来无意。"你若怎么会,堕在无事界里。所以道:"须参活句,莫参死句。活句下荐得,永劫不忘。死句下荐得,自救不了。"

（入矢、沟口、末木、伊藤译注《碧岩录》,岩波书店,"岩波文库",1992年,上,272页）

僧问"祖师西来意",大梅法常回答说"西来无意"。如果你从文字上来理解,认为西来没有什么意,立刻就陷入了"无事"的境界。所以圆悟说不能参"死句",必须参"活句"。

"须参活句,莫参死句。"后世人认为这句话出自云门文偃的法嗣德山缘密(大慧《正法眼藏》卷4)。关于"死句""活句"的语义，同为云门法嗣的洞山守初这样说：

> 语中有语名为死句，语中无语名为活句。
>
> （大慧《正法眼藏》卷 4）

含有意义和逻辑的、能够理解的语句便为"死句"。不含意义和逻辑的、不可理解的——犹如"铁馒头"般的——语句便为"活句"。圆悟的"佛法商量"即为"死句"，"佛法旨趣"即为"活句"。

圆悟评唱中值得注意的一点是，"无事"变成了坏事，这和唐代禅的主张截然不同。而且，"祖师西来意"被放在"无事"对立面上，作为打破"无事"的"活句"。也就是说，唐代是"西来意＝即心即佛＝无事"一条等式，可是现在"西来意"和"无事"变成了反义词，形成了"西来意＝活句"与"无事＝死句"两个对立面。

唐代马祖禅的"无事"变成了被批判的对象，这在"野鸭子"故事中我们已经看到。可是圆悟不只停留在对"无事"的批判上，为更进一步打破"无事"，他提出了"西来意＝活句"的观点。

# 六、"山还是山，水还是水"
## ——宋代禅的圆环逻辑

### 1. 对"大彻大悟"的重视

让我们再次回到"七斤布衫"。这则评唱的最后以下面这段话作为结尾。在这里我们也可以看到"无事"一词从褒义到贬义的转变，以及"西来意"意思的演变。文中"上载""下载"本是赵州的话，"上载"是指修行者背负"佛法"的包袱，"下载"是指修行者放下"佛法"的包袱：

> 今时之人尽作"无事"禅领会。比如说，有人说：原本就没有什么"迷"和"悟"，所以也没有必要求什么"悟"。佛

祖出世以前,达摩西来以前,一切都只是"恁么"(就这样),除此之外更没别物。可是现在却搬出什么佛祖出世、祖师西来,等等,这又有何用处?

可是,如果这样领会"无事"的话,那就大错特错了。要知道,须在大彻大悟之后,依然看山是山,看水是水,一切万法明明白白,清楚现成。也只有这样,你才能成为一个"无事人"。龙牙居遁禅师这么说过:

学道先须有悟由　　求道首先要有悟,

还如曾斗快龙舟　　就好比竞渡过后的龙舟一样。

虽然旧阁闲田地　　虽然竞渡之前它也是闲置在空地上,

一度赢来方始休　　但它曾经胜利过一回现在才如此
　　　　　　　　　　放松。

只如赵州"七斤布衫"的话头,古人的金玉良言,好生看看吧。山僧这么说,诸人这么听,毕竟这都是"上载"。那么说说看吧,真正的"下载"是什么?人人回到禅堂,各各坐在自己三条椽下,好生思量。

【资料39】如今人尽作无事会。有底道,无迷无悟,不要更求。只如佛未出世时,达磨未来此土时,不可不恁么也。用佛出世作什么?用祖师更西来作什么?总如此,有什么干涉。也须是大彻大悟了,依旧山是山,水是水,乃至一切万法,悉皆成现,方始作个无事底人。不见龙牙道:"学道须有悟由,还如曾斗快龙舟。虽然旧阁闲田地,一度赢来方始休。"只如赵州这个七斤布衫话子,看他古人恁么道,如金如玉。山僧恁么说,诸人恁么听,总是上载。且道:"作么生是下载?"三条椽下看取。

（入矢、沟口、末木、伊藤译注《碧岩录》,岩波书店,"岩波文库",1994 年,中,146 页）

本来一切都是"恁么"（就这样），所以既不需要"佛道"，也不需要"西来意"——对于"无事"的这种见解，圆悟在这里给予了狠狠的批判，同时强调"大彻大悟"的必要性。同时，佛祖出世、祖师西来在这里被放在对"无事"的否定和超越的位置上。换句话说，圆悟没有直接肯定"即心是佛＝无事"这个自然存在的事实，而是指出，打破"无事"以达到"大彻大悟"的境界，这才是"祖师西来"的真意。

我们再把前后的考察连起来看看，那么就可以知道，其实圆悟无意识中追求的，正是想用"活句"打破随意自然的"无事"的框框，以到达"大彻大悟"的境界。

不过，圆悟的理论在击退"无事"后却还并没有告终。他认为必须要达到"大彻大悟"的境界。在体验"大彻大悟"之后，山仍然还是山，水仍然还是水，一切依旧，自然现成。也只有达到这个境界，才能称为"无事"人。

在前面引用的这段话之前，圆悟把自己的宗旨用"悟了还同未悟时"这句话来概括（原文见《景德传灯录》卷1"提多迦章"，卷29"龙牙和尚颂"）。这里重要的是"悟了还……"。其实圆悟在最后，是肯定"本来无事"的。但是，那必须是在经历了"大彻大悟"之后，再重新返回到的起点。

### 2. 圆悟的圆环逻辑

圆悟的这种逻辑在《碧岩录》中处处可见，是《碧岩录》的重要思想之一。比如说第九则"赵州东西南北"本则评唱中就有以下一段：

> 某些人说："本来无事，有茶喝茶，有饭吃饭。"这是何等迷妄之语！说这话的人叫做"未得谓得，未证谓证（未得却说得了，未悟却说悟了）"（《法华经·方便品》）。这类鼠辈本来是自己没有悟，可是见人说"心性""玄妙"，便道"只

101

是狂言,本来无事(只是狂言妄语,实际本来无事)"。这就像是"一盲引众盲(一个盲人带领着众多盲人)"。他们其实并不懂,祖师西来以前,哪里有唤天作地,唤山作水的事?祖师究竟又是为何从西方来东土?诸方大师升堂入室,都是为了说个什么呢?难道不都是情识分别吗?只有把那些情识分别统统扔掉,才能见得透。如果见得透,那么依然天是天,地是地,山是山,水是水。

---

**【资料 40】** 有般底人道:"本来无一星事,但只遇茶吃茶,遇饭吃饭。"此是大妄语!谓之"未得谓得,未证谓证"。元来不曾参得透,见人说心说性,说玄说妙,便道:"只是狂言,本来无事。"可谓一盲引众盲。殊不知祖师未来时,那里唤天作地,唤山作水来?为什么祖师更西来?诸方升堂入室,说个什么?尽是情识计较。若是情识计较情尽,方见得透。若见得透,依旧天是天,地是地,山是山,水是水。

（入矢、沟口、末木、伊藤译注《碧岩录》,岩波书店,"岩波文库",1992 年,上,146 页）

---

圆悟在这里同样先对"本来无事,有茶喝茶,有饭吃饭"的"无事禅"见解进行了一番批判。同时强调天是地、山是水这种"西来意"世界的真实存在。这和前面一段中"大彻大悟"相呼应。不过圆悟的理论在这里还没有结束。圆悟更进一步,重新回到"天是天,地是地,山是山,水是水"这一自然现成的世界,到这里才真正结束。圆悟的这个理论可以整理为以下圆环逻辑:

未悟(0 度)→悟了(180 度)→还同未悟时(360 度)

无事(0 度)→大彻大悟(180 度)→无事(360 度)

山是山,水是水(0 度)→唤天作地,唤山作水(180 度)→依

旧山是山，水是水（360度）

圆悟的话总是只言片语，比较难懂。我们可以从与他同时代的青原惟信（生平不详，晦堂祖心法嗣）的话中清晰地看到圆悟圆环逻辑的整体结构。

> 上堂，说："三十年前，老僧还没有参禅的时候，看到山就是山，看到水就是水。后来遇到善知识，得了个大悟之机，于是见到山不是山，见到水不是水。可是现在，老僧得了个休歇处，却依然见山是山，见水是水。诸人，老僧的这三种见解是同还是别？如果有人能说个究竟出来，许你与老僧相见。"

> 【资料41】上堂曰："老僧三十年前未参禅时，见山是山，见水是水。及至后来亲见知识，有个入处，见山不是山，见水不是水。而今得个休歇处，依前见山只是山，见水只是水。大众，这三般见解，是同是别？有人缁素得出，许汝亲见老僧。"
>
> （《嘉泰普灯录》卷6"青原惟信章"，《续藏经》本）

随意自然的现实态（0度）→对随意自然现实态的完全否定（180度）→重新回到本来的随意自然的现实态（360度）——圆悟的圆环逻辑可以说是对长年以来唐代禅所面临的课题，也就是对现实态自己否定与肯定的矛盾，作出了一个回答。

# 七、大慧"看话禅"

## 1."看个话头"

用"活句"打破自然现实态的"无事"，以达到"大彻大悟"的境界。虽然《碧岩录》已经提出了这种观点,但实际上这还仅仅是处于潜意识中的一种禅。直到它被作为实践方法明确提出来时,由此产生的,毫无疑问,就是大慧的"看话禅"。

大慧曾经这样教导某士大夫说:

> 若要直接理会,这一念须得有"啪"的一声大破之时,才能说是了得生死大事,才能称得上大悟。话虽如此,却并非说要去刻意等待大破之时的到来。一旦意识到大破,那么大破之时永远不会到来。总之,先将妄想颠倒之心、思量分别之心、好生恶死之心、知见解会之心、喜静厌闹之心,一起按下。按下之时,请看这个话头——"僧问赵州:'狗子还有佛性也无?'州云:'无!'"也就是这个"无"字,才是打碎一切恶知识、恶分别的强有力的武器。
>
> 对这个"无"字,不能从有无来理解,不能用道理来解释,不能用分别意识来思考推量,不能承认"扬眉瞬目"的作用,不能从字义语句上来理解,不能将它放在"无事"甲壳中,不能随口承认问话人自身就是答案,不能从古典中求取证据。总之,一天二十四小时中,行住坐卧一切行为中,时时刻刻不忘这个话头,时时记得这个话头。"狗子还有佛性也无? 云无!"就这样不离日常,如此下功夫,不出十天半月,即刻你就能有所见处。

【资料 42】若要径截理会,须得这一念子曝地一破,方了得生死,方名悟入。然切不可存心待破。若存心在破处,则永劫无有破时。但将妄想颠倒底心,思量分别底心,好生恶死底心,知见解会底心,欣静厌闹底心,一时按下。只就按下处看个话头。"僧问赵州,狗子还有佛性也无? 州云,无!"此一字子,乃是摧许多恶知恶觉底器仗也。不得作有无会,不得作道理会,不得向意

> 根下思量卜度，不得向扬眉瞬目处垛根，不得向语路上作活计，不得飐在无事甲里，不语向举起处承当，不得向文字中引证。但向十二时中四威仪内，时时提撕，时时举觉。"狗子还有佛性也无？云无！"不离日用。试如此做工夫看。月十日便自见得也。
>
> （《大慧普觉禅师语录》卷26《答富枢密》，《大正藏》本）

不用说，赵州的回答"无"，并不代表"没有"的意思。

圆悟说一击就大悟，但是他并没有说如何一击就大悟。可是大慧在这段话中提出了"看个话头"这一具体的修行方法，也就是"一天二十四小时中，行住坐卧一切行为中，时时刻刻不忘这个话头，时时记得这个话头。'狗子还有佛性也无？云无！'"

大慧还说了很多这也不能那也不能的话。意思就是，不要陷入概念化、理论化的思路上去，而要在行住坐卧的一切行为中，随时随地将整个身心集中到"活句"的"无"，就是这个"无"字上来。

很明显，大慧主张通过对公案"活句"的参究，达到大悟的境界。公案的"活句"化和对"大悟"的要求在这里得到统一。以上列举的众多的这也不能那也不能中，"不能用道理来解释""不能用分别意识来思考推量""不能从字义语句上来理解"就是对"死句"式理解的批判，"不能承认'扬眉瞬目'的作用"是对"作用即性"式理解的批判，"不能将它放在'无事'甲壳中"是对"平常无事"式理解的批判。

可以看到，这些都是圆悟思想的延续。

### 2."看话"的完成

柳田圣山曾经在《看话与默照》（《花园大学研究纪要》六，

1975 年)中指出,大慧对曹洞宗"默照禅",特别是对真歇清了的批判,是促使"看话禅"形成的重要契机。

这个见解很重要。不过,对于大慧来说,对默照禅的批判之所以能成为"看话禅"形成的契机,是因为形成"看话禅"的诸要素其实在圆悟时代就已经全部出现了。

从此以后,"看话禅"成为禅的主流推广开来。元代禅僧中峰明本深得梦窗国师敬仰,是对日本中世禅宗史产生了巨大影响的人物。中峰明本在谈到先师高峰原妙的指导方法时说了这样一段话:

> 记得先师高峰原妙和尚,深居此山三十年,每每用"万法归一,一归何处"的话头(公案)指导修行者。将此话头默默提起,密密参究。从不间断,不随外境变迁而变化,也不被爱憎苦乐之情所蒙蔽。将参究话头(公案)凝结于心,走路时参,静坐时参,总之一门心思地参。当你参到力不及处、意不留处时,突然心中大破。这时你就会知道,成佛是什么。这个方法由来已久。

> **【资料 43】**记得先师高峰和尚,三十年深居此山。每以一个"万法归一,一归何处"话教人。默默提起,密密咨参。但不使间断,亦不为物境之所迁流,亦不为爱憎顺逆情妄之所障蔽。惟以所参话头蕴之于怀。行也如是参,坐也如是参。参到用力不及处,留意不得时,蓦忽打脱,方知成佛。其来旧矣。
>
> (《天目中峰广录》卷 1 上,野口善敬解题,中文出版社影印本,1984 年,31 页)

一看就知道,高峰原妙和尚用的是我们前面提到的"七斤布衫"公案。这与大慧用"无字"公案来启发学人完全相同。其实,既然已成为"活句",那么不论换成什么公案,结果都应该是一样的。

"看话禅"的完成使更多人拥有了开悟的机会。在这以前,参禅需要有伶俐的慧根和巧合的机缘,而在这之后,参禅得以规范化,成为谁都可能亲身体验的修行方式。不过,我不得不说,这也造成了负面效果,那就是"悟"逐渐远离修行者的根机,变成了一种平均化的理念。禅的个性化生命力开始走向衰退。(随着"看话禅"的形成,禅宗走到极限,从此开始逐渐融入民间信仰中。前川亨在《禅宗史的终焉与宝卷的生成》中详细阐明了这一历史的演变过程,见《东洋文化》第 83 号,2003 年。)

从此以后,一方面,禅宗在中国本土再也没有新思想的出现;另一方面,它却超越了语言文化的障碍普及到东亚各地,并在 20 世纪以后传播到欧美社会。两方面皆是"看话"的方法——从模拟信号式问答到数码式公案的转换所导致的结果。

# 八、道元对中国禅宗的批判

## 1. 超越"本觉"和"始觉"

以上我们看到,唐代禅、马祖禅在宋代一直保持着广泛的影响力,在批判和超越它的同时,诞生了"看话禅"。

关于唐代禅和宋代禅的对比、转换,石井修道先生根据下述大慧自身的话,认为是从"本觉门"到"始觉门"的转换(《宋代禅宗史研究》第 4 章"宏智正觉与默照禅的确立",大东出版社,1987 年,343 页;《道元禅成立史研究》第 4 章"道元的宋代禅批判",大藏出版,1991 年,318 页;《大乘佛典　中国·日本编12　禅语录》,中央公论社,1992 年,484 页等)。

"本觉"即"本来具有的悟","始觉"即"经过学习和修行才得到的悟"(中村元《佛教语大辞典》)。大慧使用"本觉"和"始觉"的概念来阐述自己的禅：

> 又说，"始觉合本之谓佛"(张商英《注清净海眼经》)。意思是现在的"始觉"与原来的"本觉"合二为一即为佛。邪师辈们往往把默默无言当作"始觉"，把世界未成的威音王那畔当作"本觉"。当然，并非如此。既非如此，那么，什么是"觉"？如果一切都是"觉"的话，那么怎么会有"迷"？但是如果没有"迷"的话，释迦老子睹明星而悟道，忽然觉悟到自身本性原来在此。那么这个觉又是什么？所以说，"因始觉而合本觉"，通过始觉与本觉达到一致。禅僧家突然间识得自己本性，便是这个道理。而且，此事人人身上有，与生俱来。

> 【资料44】又云："始觉合本之谓佛。"言以如今始觉合于本觉。往往邪师辈，以无言默然为始觉，以威音王那畔为本觉。固非此理。既非此理，何者是觉？若全是觉，岂更有迷？若谓无迷，争奈释迦老子于明星现时忽然便觉，知得自家本命元辰元来在这里？所以言："因始觉而合本觉。"如禅和家忽然摸着鼻孔，便是这个道理。然此事人人分上无不具足。
>
> (《大慧普觉禅师语录》卷18"孙通判请普说"，《大正藏》本)

大慧所批判的"邪师辈"是指同时代的曹洞宗，特别是真歇清了一门的禅。因为他们主张只管坐禅，把自己固步自封于禅房的寂静之中。所以大慧把它叫作"默照邪禅"，加以强烈的非难。("默照"一词见于曹洞宗宏智正觉的《默照铭》。不过据传大慧和宏智两人交情很深。）

　　圆悟批判自然随意的"无事"禅，大慧批判只管坐禅的"默照"禅。"无事"禅和"默照"禅，虽然在今天看来截然不同，但在当时，至少在大慧看来，两者是一丘之貉，都是自我满足于本性的自己（"本觉"），不具有克服现实态自己的契机（"始觉"）。从这一点上来说，两者之间并无二致。

　　大慧的立场也以人人本来皆为佛为大前提（"本觉"）。但是，人在现实中有迷妄（"不觉"）。所以要通过看话达到大悟（"始觉"），并由此克服迷妄的现实态的自己，重新回到本来的觉悟（"本觉"）——这是大慧的主张。"本觉→不觉→始觉→本觉"的结构，近可以说是对《碧岩录》圆环逻辑的继承，远可以说是禅宗初期"北宗"禅——将修行方法从禅定改换为看话——的回归。

　　我们已经知道，圆环逻辑解决了长期以来存在的对现实态自己的肯定与否定的矛盾。这可以说是对中国禅宗理论的一种完成。后来流行的《十牛图》，其实就是"本觉→不觉→始觉→本觉"这一圆环结构的视觉化。

　　根据以上分析，石井修道先生将"禅宗历史上出现的修证观"分为以下几个类型（《宋代禅宗史研究》，382页，注26），"修证观"的"修"是指修行，"证"是指大悟：

　　　　A 因为本来是佛，所以所有行为（行住坐卧）都是大悟的体现；
　　　　B 正因为本来是佛，所以才要坐禅，坐禅时大悟现前；
　　　　C 虽然本来是佛（理），但是现实是迷妄的（事），所以还是需要大悟。

　　很明显，以上 A 是唐代平常无事的禅（"本觉"的禅），C 是大慧的看话禅（"始觉"的禅）。（前面已经说过，大慧将默照禅看作 A 的同类。)那么乍一看显得有些奇妙的是 B,"正因为本来是佛,所以才要坐禅",究竟指的什么呢?

其实 B 就是日本道元的立场,又称为"本证妙修""证上之修""修证一等"。B 产生于对 A 和 C 的扬弃中,以上三种类型的总结其实就是为了说明这一点。

道元在《办道话》中这样说:

> 认为"修"与"证"不同的这种见解,不用说是外道的异端邪说。佛法主张"修"与"证"同。因为是在"证"之上的"修",所以初心修行就是本来"证"的全部。因此,在传授修行心得时,教导学人"修"即是"证",不能单等"证"的到来,这么说的原因,不外乎是由于修行就是本来"证"的直接表现。因为是"修"的"证",所以"证"没有终点。因为是"证"的"修",所以"修"没有起点。

> 【资料 45】 夫谓修证非一者,即外道之见也。佛法之中,修证是一等也。即今亦是证上之修故,初心之办道即是本证之全体。是故教授修行之用心,谓于修之外不得更待有证,以是直指之本证故也。既修是证,证无际限;已是证而修,修无起始。
>
> (何燕生译注《正法眼藏》,宗教文化出版社,2003 年,9 页)

"证"并不在"修"的道路终点上。"修"的一步一步——并非部分完成的积累——就是本来"证"的全部。反过来说,本来"证"既不是先于"修"存在的出发点("本觉"),也不是"修"的预定最终到达点("始觉")。"证"是本来具有的,但是必须通过"修"才能体现出来,只有在"修"的一步一步进行中,才能不断地、持续地得以实现。

简单地说,"因为本来是佛,所以要修行","因为不断修行,所以本来是佛"。这个逻辑看起来似乎有些不可思议,但是通过石井修道先生的研究我们可以知道,B"本证妙修"同时超越了相互对应的 A"本觉"禅和 C"始觉"禅,是禅宗史发展的必然趋势。

### 2. 对唐代禅的批判

正因为如此,我们在道元的著述中随处可以见到对 A 唐代禅和 C 宋代禅的批判。

首先我们看一看对唐代禅、马祖禅"即心是佛""作用即性""平常无事"——虽说是唐代禅、马祖禅,但是也普遍流行于宋代禅门中——的批判。道元在《办道话》中设了十八条问答展开议论。其中第十六条是这样说的:

> 问:有人说"只要知道'即心是佛'的趣旨,即使口不念佛经,身不行佛道,佛法丝毫无损。只要知道佛法就在自己身上,就已经圆满得道。除此之外更向他人求个什么!更不用说坐禅修行,多此一举了!"
>
> 答:此话无益,纯属无稽之谈。若果真如你所说,那么只要告诉他"即心是佛",但凡是有心之物,岂不是谁都能了悟吗?可是,你要知道,佛法修行须舍去自他之别。如果只要知道自己是佛就算是得道的话,释尊也就不用为了教化大众如此辛苦了。

【资料 46】问曰:或言:"佛法之中,若了达即心是佛之旨,口不诵经典,身不行佛道,于佛法亦无甚欠缺,但知佛法从本以来在之自己,以此为得道圆满,勿须更向他人索求,况乎烦于坐禅办道哉?"示曰:此言最不足取。若如汝言,有心者,由谁教此旨,有不知者。当知,佛法

> 诚乃息止自他之见而学也。若以知自己即佛为得道，
> 则释尊昔日不曾烦于化道也。
>
> （何燕生译注《正法眼藏》，宗教文化出版社，
> 2003 年，14 页）

佛法原本在自己。如果能领悟"即心是佛"一事，那么诵经坐禅都不需要——道元没有明确指出是谁说的，只是说"有人说"。显而易见，这是指主张"即心是佛""平常无事"的马祖禅。

道元不认同马祖禅的主张。就这样自然随意地承认现实态的自己，对于道元来说，是无论如何也不能接受的。

《正法眼藏》"即心是佛"卷中，道元说："所以，谓即心是佛者，乃发心、修行、（证）菩提、涅槃之为诸佛也。未发心、修行、（证）菩提、（得）涅槃者，不是即心是佛。"（何燕生译注《正法眼藏》，宗教文化出版社，2003 年，61 页）"佛"存在于不断的修行中，在每一瞬之间不断得以实现。没有修行的地方，"佛"是不会自然存在的。

对于道元来说，"即心是佛"其实就是我们刚刚提到的"本证妙修"的另外一个说法而已。

既然"即心是佛""平常无事"不成立，那么，与之同为一体的"作用即性"当然也就不可能成立。《正法眼藏》"即心是佛"卷对"先尼外道见"的说法也进行了猛烈的批判（同样的批判也见于《办道话》中）：

> 所谓分辨苦与乐，感知冷与暖，体会痛与痒，这些皆是不受任何外物妨碍，也不受任何外境左右的"灵知"。万物来来去去，万境生生灭灭，但是这种"灵知"是实在的、永远不变的。"灵知"无处不在，没有凡夫、圣人、生物的区别。

> 【资料 47】谓识别苦乐,自知冷暖,了知痛痒,不冥万物,不关诸境。物虽去来,境虽生灭,然灵知常在而不变。此灵知,广周遍之,无凡圣含灵之隔异。
>
> (何燕生译注《正法眼藏》,宗教文化出版社,2003 年,58 页)

　　"昭昭灵灵",是觉者、智者的"性"。这就称为"佛",也叫做"悟"。自己有,他人也有,人人俱有,迷者悟者皆相通。

> 【资料 48】以其昭昭灵灵,云之曰觉者、智者之性。亦言之曰佛,亦称之曰悟。自他同具足,迷悟皆通达。
>
> (何燕生译注《正法眼藏》,宗教文化出版社,2003 年,59 页)

　　这里批判的是把遍及全身感知冷暖痛痒的生理感觉当作佛性、本性的说法。不用说,这指的就是"作用即性"说。我们在《碧岩录》中已经看到,"昭昭灵灵"一词在"作用即性"说中是对作用的样子的形容(参照【资料 31】)。

　　道元批判的"作用即性"说,其中还包含有"精神不灭"的思想。因为它不只是把作用与本性直接划等号,而且还主张本性超越肉体的生死永远存在。(同时可见于《办道话》中。关于这个问题,石井修道先生在《道元禅的成立史研究》第 2 章"道元的见性批判"、第 10 章"道元的灵性批判——联系铃木大拙的灵性"中有详细论述。)

　　这里我们不准备深入探讨这个问题。但是从这里我们可以清楚地看到,道元一贯坚持的就是对唐代禅、马祖禅"即心是佛＝作用即性＝平常无事"的批判。

### 3. 对宋代禅的批判

但是,圆悟、大慧等人对唐代禅、马祖禅其实已经有过类似的批判。如果道元只是停留在这一步上,那也没有什么新意,不过就是在随声附和宋代禅而已。

但如果你这样想,那就错了。

禅宗史上道元禅的崭新之处,就在于它不但超越了唐代禅("本觉"禅),而且超越了以克服唐代禅为目标的宋代禅,特别是大慧的看话禅("始觉"禅)。

《正法眼藏》"大悟"卷中道元说:

> 近来,大宋国秃子们扬言道:"悟道是本期(开悟才是修道的本来目标)。"他们如此说,如此一门心思专等开悟之期的到来。不过,佛祖的光明是不会照到这些人头上的。本来应向真正的善知识参学修道,可是他们因为懒惰而蹉跎岁月。如此,即使古佛转世也无能为力。

【资料 49】近日大宋国秃子等云:"悟道是本期。"如是言之,虚徒待悟。然则,此因不被佛祖之光明所照而作如是言也,只因懒惰而蹉过参取真善知识也。古佛出世,当亦不得度脱。

(何燕生译注《正法眼藏》,宗教文化出版社,2003 年,93 页)

道元在这里批判的是主张"以悟为则"的大慧"始觉"禅。在《正法眼藏随闻记》一书中还记录着道元这样一段话:

> 参公案话头虽然也许会有几分了悟,但是那只会越来越远离佛祖之道。无所得,无所悟,只管坐禅,这才是真正的佛祖之道。以前的祖师们虽然提倡"看话",同时也提倡"只管打坐",但是根本上还是以"只管打坐"为主。通过

"话头"开悟的人不是没有，但究其根本却还是在坐禅。真正的功德只在坐禅。

> **【资料 50】**看公案话头聊似有知觉，实则为远离佛祖之道之因缘。无所得，无所悟，端坐度时，此即为佛祖之道也。古人虽也举得看话并只管打坐，然尤专注于打坐也。虽不无以话头开悟之人，实皆因其坐功为开悟之因缘。功在打坐也。
>
> （水野弥穗子《正法眼藏随闻记》卷 6，筑摩书房，"筑摩学艺文库"，1992 年，406 页）

另外，从"学道最要，坐禅第一""学人只管打坐，毋管他事。佛祖之道，只在坐禅"这样的语句中我们也可以知道，道元的"只管打坐"（"本证妙修"）是作为"看话"（"始觉"）的对立面提出来的。

我们从《碧岩录》（参照【资料 38】）中已经知道，要把古人语句当作"活句"来参。参公案话头的看话禅与参"活句"是分不开的。所以，"活句"自然也难免遭到道元的非难。

道元入宋时，当时禅林中正流行"无理会话"。"理会"，就是理解的意思。"无理会话"就是不可理解的话，也就是"活句"（朱子也曾经批判"无理会话"为"无头话"）。

道元斥责"无理会话"说：

> 大宋国里有类荒唐之辈，成群结队，势力强大。凭你一点微不足道的力量无法击退。这帮人把云门"东山水上行"公案、南泉"镰子好切"公案叫做"无理会话"。还说，凡是经过思考判断的语句都不是佛祖的禅，只有"无理会话"才是佛祖说的禅。比如说黄檗的棒打、临济的大喝，把这些不能理解、不可思虑的话称为世界未生前的大悟。从前大德们教导学人时用来斩断葛藤的语句，也是"无理会话"。

【资料 51】现今大宋国有一类杜撰之徒,今已成群,小实所不能击。彼等曰:如今东山水上行话,及南泉之镰子话者,是无理会话也。其意旨者,谓关乎诸念虑之话语者,非佛祖之禅话;无理会话,是佛祖之话语也。是故,黄檗之行棒及临济之举喝,皆理会难及,不关念虑,以之为朕兆未萌已前之大悟也。先德之方便,谓多用葛藤断句者,即无理会也。

(何燕生译注《正法眼藏》,宗教文化出版社,2003 年,265 页)

道元狠狠地抨击这种风气说:"宋土,近二三百年以来,如此之魔子、六群秃子多矣! 可悲佛祖大道之废! 彼等之所解,尚不及小乘声闻,比之外道亦愚。"(何燕生译注《正法眼藏》,宗教文化出版社,2003 年,266 页)

道元入宋是在南宋末年。也就是说,中国禅宗从唐代到宋代,在其发展的最后阶段里,道元投身到了中国本土的禅门中。摆在道元面前的有三种禅:第一是在大宋国耳濡目染、风靡一世的大慧系看话禅("始觉"禅),第二是根深蒂固的主张随意自然的唐代禅("本觉"禅),第三就是回到日本后成群结队涌入自己门下的"日本达摩宗"禅。

关于"日本达摩宗"禅,由于其开山祖师大日房能忍嗣法于大慧宗杲弟子佛照德光,所以最初被认为是宋代看话禅的系统。(前面引用的《正法眼藏》"大悟"卷中,道元批判"悟道是本期"的"待悟"禅,说它"不被佛祖之光明所照",参【资料 49】。我想这也许是对"佛照德光"的影射吧。)

不过,这一说法在石井修道先生的《道元禅的成立史研究》中得到修正。"日本达摩宗"主张"无行无修,本无烦恼,元是菩提"。荣西曾经视其为"邪说",进行大力批判(《兴禅护国论》

"第三门之余"）。其实这种思想并非宋代看话禅，而是典型的随意自然的唐代禅（"本觉"禅）系谱（见《道元禅的成立史研究》第9章"道元的日本达磨宗批判"。另外，石井修道先生的论文《日本达磨宗的性格》对"日本达摩宗"禅的庞大的相关史料及研究史作了很好的总结和概括，载《松冈文库研究年报》第16号，2002年）。

### 4. 关于"本证妙修"

也就是说，不论是从禅宗史来说，还是从眼前现实来说，道元都必须同时面对处于对立状态的"唐代禅"和"宋代禅"。

道元离开叡山转投荣西门下的原因，在道元传记中常常被解释为以下的"疑滞"：

> 如本自法身法性，诸佛为什么更发心修行？
>
> （《元祖孤云彻通三大尊行状记》）

一切经中写到"本来本法身，天然自性身"（《永平寺三祖行业记》中为"本来本法性，天然自然身"），也就是人本为佛。既然如此，那么诸佛为何在此之上还要发心修行呢？

因为道元有了这个疑问，所以他离开叡山转投荣西门下。

关于这个问题，有些学者评论说它是日本中古天台早已解决了的幼稚问题。不过，教理学上得出的结论，与自己生身问题的了结应该不是同一回事。

这个"疑滞"，我认为是以上所述"唐代禅"（"本觉"禅）与"宋代禅"（"始觉"禅）相互矛盾对立的象征。这也许是后世撰写道元传记的作者的创作。不过即使是创作，也真实反映了道元当时所面对的禅宗史上的课题。

"因为本来是佛，所以不用修行，随意自然就好"，这是唐代禅。

"虽然本来是佛，但是被现实迷妄，所以需要修行以开悟"，这是宋代禅。

唐代禅和宋代禅的矛盾，被"正因为本来是佛，所以才要修行""正因为不断修行，所以本来才是佛"这一看起来很奇怪的道元逻辑扬弃在不断修行的每一瞬间。

也就是说，对现实态自己的否定与肯定，这一矛盾是长期以来禅宗面对的课题。针对这一课题，道元提出了不同于宋代禅圆环逻辑的、一种崭新的逻辑思维方法。

"本觉"（正）→"始觉"（反）→"本证妙修"（合）的辩证法，这不是从观念上凭空想出来的，而是从禅宗史面对的现实中实践性总结出来的理论。同时，它也只有通过实践才能得以实现。

但是，如果只单纯考虑理论上的完成的话，那么这一理论则有个致命的缺陷。那就是，无法对不修行时"本证"又在哪里这个问题作出合理的解释。不过，如果向道元本人提出这个问题，道元肯定会说提问者无事生非而置之不理。原本就没有不修行的时候，所以这个问题根本无须质疑。你的质疑正好证明你没有修行。（这话也许不该由像我这样没有修行经历的人来说吧！）

没有一刻不在修行，没有一处不在修行。这就是永无止境、处处不断实现的佛道世界。"本证妙修"指向的就是在现实中建造并运转这个佛道世界。

《正法眼藏》的大部分论述的时间集中在永平寺（最初名为大佛寺）开创之前。永平寺开创之后，用留在《永平广录》中那样的上堂法语（汉文），制定出各种清规戒律的条文，以确保定期上堂的持续和僧堂的运营，道元在这方面倾注了心血。其实，这不正是道元"本证妙修"在实际修行中的运用和体现吗？（参石井清纯《永平寺撰述文献中所见的道元禅师的僧团运营》，载《道元禅师研究论集》，大修馆书店，2002年。）

如果采访道元禅师，问"您的代表作是什么？"我想道元禅师的回答可能不会是《正法眼藏》，而是"永平寺"吧。

# 第四讲

"无"和"近代"——铃木大拙与 20 世纪的禅

这次讲义的最后，让我们一口气飞跃到 20 世纪。

不过，尽管在时间上我们是跳过了几个世纪，可是从禅宗史来说我们并没有飞跃。

宋代禅传播到包括日本在内的东亚各地，进入 20 世纪后又从日本传播到欧美各地。本来诞生于中国、作为中国宗教的禅，今天在世界上却被称为日文发音的"zen"，而不是中文发音的"chán"，就是因为有这样一段历史。

# 一、无字和只手

### 1.《梦十夜》与"赵州无字"

读过夏目漱石（1867—1916）《梦十夜》这篇小说的朋友应该不少吧。其中第二夜作者是这样描写的：

> 把短刀收进鞘内系在右侧，我开始盘腿结跏趺坐。——赵州曰，无。
>
> 无是什么东西？我咬紧牙骂了一句，这个臭和尚。
>
> 因为大牙咬得太用劲，热气从鼻孔奔涌而出，太阳穴涨得生疼，眼睛睁得比平常大一倍。

主人公一边打坐，一边拼命参究"赵州无字"公案。

"赵州无字"是宋代大慧"看话"禅中用得最多的公案。日本

121

禅门对"赵州无字"的参究几乎全是根据《无门关》这本小书来的。《无门关》是南宋无门慧开禅师编集的一部简短的公案集。

> 赵州和尚，因僧问，狗子还有佛性也无？州云，无！

这则公案被放在《无门关》开章第一篇。无门说：

> 要想透过这一关的人有么？那就用你全身三百六十骨节八万四千毛孔起一个疑团，参一个"无"字。白天参，晚上参，不作"虚无"来理解，也不作"有无"来理解。就好像是吞了个热铁丸子，想吐又吐不出，一举荡尽从前恶知恶觉。这样待渐渐熟成，内外自然打成一片。好比哑巴做梦，无法说与人听，只有自己知道。突然间一举打破，惊天动地，就好像夺得关羽大刀，见佛杀佛，见祖杀祖。在生死崖边逍遥自在，在六道轮回中游戏三昧。那么，究竟该如何参这个"无"字？用尽你平生力气，念着一个"无"字。只要你不间断地念着这个"无"，那么就如佛前灯烛，一点便亮。

---

【资料52】莫有要透关底么？将三百六十骨节八万四千毫窍，通身起个疑团，参个无字。昼夜提撕，莫作虚无会，莫作有无会。如吞了个热铁丸相似，吐又吐不出，荡尽从前恶知恶觉。久久纯熟，自然内外打成一片，如哑子得梦，只许自知。蓦然打发，惊天动地，如夺得关将军大刀入手，逢佛杀佛，逢祖杀祖，于生死岸头得大自在，向六道四生中游戏三昧。且作么生提撕？尽平生气力，举个无字。若不间断，好似法烛一点便着。

（平田高士《无门关》第1则"赵州狗子"，筑摩书房，《禅之语录》18，1969年，14页）

---

夏目漱石曾经在镰仓圆觉寺参禅,这个经历还可以从他的小说《门》中得知。时间是从明治二十七年(1894)12 月 23 日或 24 日到第二年的 1 月 7 日,师事明治时期的高僧释宗演长老(1859—1919)。我曾经在镰仓东庆寺宝物馆的展览中看到过宗演禅师门下的参禅者名单,其中一页上写着"夏目金之助"(即夏目漱石)的名字。

宗演长老在提唱《无门关》时,关于"无"字说:

> "无",就是表示没有的那个字。那么,"无"不就是没有吗?是"有无"的"无"呢,还是"断无"的"无"呢?究竟是哪个"无"呢?
>
> (《无门关讲义》,光融馆,1909 年,1 页)
>
> 参禅的功夫,不只是要下在蒲团上,还要不分昼夜,起床时、睡觉时、吃饭时、屙屎时、问答时、劳动时,下在一切时,下在一切处,完全成为、彻底成为无字三昧。
>
> (《无门关讲义》,光融馆,1909 年,6 页)

赵州的"无",并不是"没有"的意思。赵州的回答不是对有或没有的回答,而是超越了有无的、绝对的"无"。抛开逻辑思维,一天二十四小时,彻底成为"无"那个东西——不用说,这是立足于《无门关》的思想,而《无门关》又立足于大慧的思想。

《梦十夜》第二夜的主人公,一边对长老的斥责和嘲笑恨得咬牙切齿,一边为了彻底成为"无"而拼命坐禅。可是,他越是挣扎却越是心烦意乱,越是被无边的迷妄和烦恼折磨。《梦十夜》这样描写主人公所经历的苦闷和焦躁:

> 我握紧拳头不停地猛打自己的头,再嘎吱嘎吱咬紧牙关。两腋汗如雨下。后背僵硬得像木棒。膝盖关节突然一阵剧痛,我想就算是腿折断了恐怕也不过如此。不过还是很痛,很难受。"无"怎么也不出来。觉得要出来了吧,

就又开始痛起来。怒不可遏。懊恼。却又不甘心。眼泪吧嗒吧嗒滴下来。真想一咬牙把这凡胎肉身撞在那巨岩上,来个粉身碎骨。不过我还是强忍着坐在那里,强忍着不堪忍受的悲伤溢满胸间。那悲伤将我全身的肌肉由下往上提起来,焦急地欲把它从毛孔吹散到外面去。可是四面八方都被堵塞着,犹如一个没有出口的无比绝望的状态。渐渐地,脑袋开始变得有点不对头。座灯,芜村的画,榻榻米,多宝格式的搁板,好像都变得若有若无,看起来没有却又好像有。不过"无"还是不出现。我也还是就这样坐着。突然,隔壁房间的钟"当"地响起来。我吓了一跳,回过神来,把右手立刻放在短刀上。这时,钟又"当"地响了第二声。

## 2. 白隐禅——看话禅的体系化

这段文字,我读着读着不觉胸口闷得慌。《梦十夜》的主人公宁愿经受这般折磨也要参禅,他究竟想要得到什么呢? 日本文化论的经典作品——鲁思·本尼迪克特(Ruth Benedict)《菊与刀》,对以上这段描写作了绝佳的解释:

> 为使初学者拼命努力去"开悟"的修炼法是"公案",这是人们最钟爱的修炼法。其字面意义是"问题"。据说,有一千七百个这样的问题,而据一些奇闻录记载,一个人为了解决其中一个问题,要花费七年时间。他们要得到的不是理性的解决之道。有一个公案是"设想拍响一个巴掌"。另一个是"怀想母亲在怀上自己之前的样子"。其他还如:"那个没有生命的身体是谁的?""那向我走来的人是谁?""万物归一,一归何处?"在十二、十三世纪之前,这些禅宗公案在中国被广泛应用,日本把它们跟禅宗一起接受了。然而,在中国大陆,这些公案没能幸存下来。在日本,它们

却是最重要的"圆满"的修炼法。禅宗手册对它们的态度
是极为严肃的。"公案铭记着人生的两难困境。"他们说,
一个沉思公案的人会达到一种僵局,就像"一只耗子被追
到了一条黑暗的地道里",就像一个人的"嗓子眼里被塞了
一颗火红的铁球","一只蚊子企图咬动铁疙瘩"。他忘我
地加倍努力着。最后,横在他的心灵和公案之间的"观我"
的屏障倒在了一边,心灵和公案相互达成妥协,而且迅如
闪电。他"开悟"了。

> (北塔译《菊与刀——日本文化面面观》,上海三
> 联书店,2007 年,174 页)

《菊与刀》第十一章"修养",引用忽滑谷快天(1867—1934)
和铃木大拙(1870—1966)的英文著作,用大量的篇幅对禅进行
了解说。上面引用的是其中一段。对宋代完成的"公案"禅,特
别是"看话"禅的方法,作了很好的总结。

关于公案的数量,书中说有"千七百个"。的确,在中峰明
本语录中我们可以看到"千七百闲言长语""一千七百则葛藤"
这样的字句。不过,"千七百"不是实数。"千七百"这个数字见
于北宋初期编集的《景德传灯录》中,本来表示禅僧的人数(虽
然我自己没有挨个数过,不过序文中写到"凡五十二世,一千七
百一人")。后来,"千七百"就成为代表公案数量的惯用说法。
就好像说到中国历史就是五千年,说到中国面积就是九百六十
万平方公里一样,说到公案,那么就是"千七百"(中村元《佛教
语大辞典》"公案"一条中,也一本正经地写着"其总数高达千
七百")。

话说前段引文中的"设想拍响一个巴掌",是指江户时代著
名高僧白隐慧鹤禅师开创的"只手"公案。"两掌相打有声,如
何是只手音声"——两个手掌互击能拍得出响声,那么一个手
掌发出的响声又是什么呢? 汉语中两个为一对,称为"双",单

个即为"只"(达摩祖师画像中有一幅提着一只鞋子的画像,所以称为"只履"达摩)。美国作家杰罗姆·大卫·塞林格(Jerome David Salinger, 1919—2010)的小说《九故事》(*Nine Stories*),开头一段就是"只手"公案的英译:

We know the sound of two hands clapping.

But what is the sound of one hand clapping?

(两掌相打有声,如何是只手音声?)

"one hand clapping"——只手音声,也许这是今天世界上最为人熟知的公案。从这里也足以可见禅宗从日本走向世界的历史。

白隐从自己的"无字"公案参究体验中构思出了"只手"公案。关于这一经过,他在用日文假名著述的法语"只手音声"(又名"薮柑子")中说:

老衲十五岁出家。二十二三岁的时候,愤发大志,不管白天夜晚,一门心思参究无字公案。二十四岁的春天,在越后高田英岩寺摄心坐禅时,有天晚上,忽然听到从远处传来的钟声,于是有了个悟头。从那以后四十五年间,对有缘遇见的所有人,老衲都引导他们体验见性,哪怕只有一回也好,以获得大事透脱的力量。为此老衲用了各种方法,或者是追究自己心性根源,或者是参究赵州无字公案,等等。其中见性的不管男女老少、僧俗尊卑,有数十人。

这五六年以来,老衲有了个新想法,引导学人们听"只手音声"。比起以前的公案来,老衲认为"只手音声"的效果有天壤之别。学人们对"只手音声"的反应和以前大不相同。不论谁都容易生起疑团,也容易狠下功夫。所以现在,主要都是在"只手音声"公案上下功夫。那么"只手音声"的功夫是什么呢？现在你举起你的双手拍打一下，会有"啪"的声音。但是，如果举起的只是一只手，那就不会发出声音。《中庸》里"上天之载，无声无臭"说的不就是这回事吗？戏曲《山姥》里"一洞空谷声，回音响树梢，便闻无生音，有谷无应声"，不也是道出了这里的精髓吗？

（芳泽胜弘《白隐禅师法语全集》第12册，禅文化
研究所，2001年，8页）

---

【资料53】老夫初于十五岁出家，二十二三间，大愤发志，昼夜着意精彩，单单举扬无字。二十四岁春，于越英岩练若闻夜半钟声，忽然心中大破。夫至今四五十年，不择朋友亲戚，不弃老幼尊卑，为得一回大事透脱之力，或凝思自己，或参究无字，以种种方便，提携教谕诸人。其间，稍有所得而达欢喜之地之人（老幼男女、缁衣尊鄙），老夫记得大凡约数十人。

（芳泽胜弘《白隐禅师法语全集》第12册，禅
文化研究所，2001年，43页）

此五六年以来，老夫有个想头，启谕诸人听取只手音声。与从前大为不同者，任谁皆易起疑团，易下功夫，似乎有着天壤之别是也。于是如今，老夫专用只手音声。若问只手音声为何事。两手相拍丁丁作声，只手举时无声无香。此岂不为孔夫子所谓"烝天之事"乎，岂不为山中女妖所谓"一洞空谷声，便闻无生音"乎？

（同上书，45页）

---

大多数公案都是将古代禅僧的问答读成"活句"。也就是说，本来是含有深意的问答，却将其意义斩断扔掉，硬读成不可

理解的"活句",然后转用成"公案"。相比之下,"只手音声"的独特之处就在于一开始就是作为"公案"来创作的。和前者相比,创作的"活句"更容易有效地使学人产生疑问。

大慧发明的"看话"禅传到日本,江户时代的白隐禅师使其变得更加系统化。参究一个公案获得开悟后,并不表示就此了事,而是要将阶段化、系统化排列的公案一个一个地按顺序参究下去。即使在今天,公案参究也是宗门秘传,门外之人不太容易知道内情。不过,根据秋月龙珉《公案》("筑摩学艺文库"再录,1965 年、2009 年)的解说,我们似乎可以从中看出一些端倪。比如说,参究过程分为"法身""机关""言诠""难透""向上"五个阶段,在这之上有最终完成阶段的"洞上五位""十重禁戒"。各个阶段配有多个公案,各个公案中附有称为"挨处"的各种应用问题。我们还可以从书后附录的《越溪—禾山下室内公案体系》中看到实例。不过,尽管再版跋文中说能将这一秘传印刷出来公之于世已是不易之事,但对于我们门外之人来说,尽管能略见一斑,也无法全面推测它在实践中到底是如何运用的。

看来,公案还是要正式入门跟随正师实际参究才行。


# 二、铃木大拙的禅体验


## 1. 夏目漱石、铃木大拙和西田几多郎

夏目漱石、铃木大拙、西田几多郎(1870—1945),这些近代知识分子所接受的也都是白隐禅(道元禅开始引起宗门外知识分子注目是在夏目漱石、西田几多郎的弟子们,也就是和辻哲郎、田边元以后的事了)。

夏目漱石的参禅虽然半个月就结束了，但是他对禅产生的兴趣一直没有消失。他晚年执笔《明暗》时每天作汉诗，越到后来诗中所用禅语越多。斋藤希史在《汉文脉与近代日本》一书中把漱石的汉诗看成是"文明社会对抗原理的闲适"，并指出：

> 当时，禅家语句出现在诗中是极富象征意义的。实际上，不管是不是显得有些生硬，漱石的汉诗里禅的要素越来越浓厚。本来漱石很早就开始对禅感兴趣，也有过参禅的经历，但是真正用汉诗来写禅是在《明暗》以后。如果说漱石写作汉诗是为了与文明社会相对抗的话，那么仅仅有诗境的闲适是不够的。因为并不是说挂上一幅山水画，心情变得闲适就可以与文明社会相对抗了。所以从这个意义上来说，禅的境界可以成为与文明社会相对抗的强有力的原理。

（《汉文脉与近代日本》，NHK books，2007 年，217 页）

"文明社会对抗原理"的禅，这不仅仅是漱石，也是对我们思考整个近代禅宗作出了一个重大的提示。关于这一点我们后面再详细讲解。

和漱石相比，大拙和西田的参禅则持续了很长时间。今天，在临济宗长老门下参白隐禅的学人，首先遇到的公案就是前述"赵州无字"或者是"只手音声"。大拙和西田也不例外。（当然也有例外。正如漱石《门》中所描写的那样，宗演长老最初交给漱石的公案是"父母未生以前的本来面目"，《菊与刀》中所说"怀想母亲在怀上自己之前的样子"也许就是指这个公案。）

西田几多郎和铃木大拙于明治三年出生在加贺，也就是今天的石川县。他们十岁时同时进入金泽第四高等中学校（原来的石川县专科学校，后来的旧制第四高等学校）就读成为学友。从那以后，两人终身保持着亲密关系。

西田和大拙开始接触禅是缘于数学老师北条时敬的感化。

历任广岛高等师范校长、东北帝国大学校长、学习院院长的北条不仅是著名的教育家,也是个真正的居士(在家修行者),曾在镰仓圆觉寺今北洪川长老(1816—1892)门下参学。西田深得北条喜爱,还曾寄宿于北条家中。西田后来回忆说:

> 那时我还住在老师家里。一天,正在和东京来的 T 君谈话的先生默默地递给我们两人一人一册《远罗天釜》。T 君好像问了一句禅到底是什么东西。老师回答说,如果你有把刀插进肚子的勇气那就试试吧。就那么一句话。
>
> (《始受学于北条老师时》,作于 1929 年,见上田闲照编《西田几多郎随笔集》,岩波书店,"岩波文库",1996 年,17 页)

《远罗天釜》是白隐禅师用日文假名著述的法语集之一。西田从此开始正式参禅。

后来,西田投到富山国泰寺雪门和尚门下。雪门最初给西田的就是"无字"公案,中途换成"只手"公案。再后来,西田又投到京都大德寺广州长老门下,这次也是"无字"公案。在这里,西田终于突破了"无字"。不过,在当天的日记中,西田写到"今夜独参无字,终得许可。虽然,余甚为不悦"(明治三十六年[1903]8 月 3 日,《西田几多郎随笔集》,269 页)。好不容易才得以开悟,西田为什么会感到"不悦"呢? 也许是出于并非单单只靠禅体验就能解决的、近代的问题意识此时已经深深扎根于西田内心的原因吧!

那么大拙呢? 大拙由于家中拮据,很早就退学了。但他辗转从西田那里听到北条的事情,开始对禅产生了兴趣。于是大拙去了国泰寺,不过他在国泰寺好像没有得到什么收获,只好悻悻地回家。

大拙正式开始参禅是在他到东京以后。明治二十四年

(1891)6 月,大拙先是在镰仓圆觉寺今北洪川长老门下开始修行。第二年洪川长老圆寂。后来,大拙继续跟着释宗演长老参禅。宗演禅师在推进禅的近代化、国际化道路上作出了巨大贡献。虽然宗演是临济禅的正统宗师,但他并不局限于禅门传统。大拙这样描述宗演师活跃的身影:

> 宗演师的生活并没有局限在禅门的传统中。禅的修行结束后,师进入庆应义塾学习,后来去了斯里兰卡,实地体验了南方佛教的生活。回国后,师不但忙于对僧堂云水僧人的点化指导,而且在找到合适的后继者之后,师便隐居东庆寺,夜以继日地积极度化各方人士。皈依到师门下的弟子遍及社会各阶层,数以千计。师还行脚到过中国、欧美。弟子中也有外国人。如宗演师这般广行教化的,无论是作为近代禅僧还是佛教徒都实属罕见。
>
> (铃木大拙《今北洪川》,《铃木大拙全集》26,岩波书店,1970 年,229 页)

明治二十六年(1893),宗演出席了芝加哥世界博览会上举办的万国宗教会议,并发表演讲。从此,禅开始进入西方社会。

第二年,明治二十七年(1894)年底,夏目漱石进入宗演门下,寄宿于圆觉寺内的归源院。当时,年轻的大拙已经住在那里了。漱石的《门》中有这样一段描写:

> 据说这位居士进山来已有两年。过了两三天,宗助第一次见到了这位居士。他有一张罗汉般滑稽的面孔,看起来是个轻松愉快的青年。提着三四根细细的萝卜,说今天买来了好东西,让宜道煮了来吃。宜道和宗助都沾光了。宜道笑着说这居士因为长得像和尚,所以时而混入僧堂的僧人中到村子里去讨斋饭吃。
>
> (夏目漱石《门》,岩波书店,"岩波文库",1998 年,202 页)

这里的主人公"宗助"是指漱石自己,"居士"则是年轻的大拙,照顾二人起居的"宜道"和尚就是宗演的后继者释宗活长老(参井上禅定《释宗演传》,禅文化研究所,2000年,94页)。

大拙晚年回忆起这段岁月说:"二十六年春天,我寄宿在归源院。院中有宗活和尚,也就是后来的两忘庵。本来是皈依洪川长老的居士,后来在宗演长老门下出家当了和尚,那时他就住在归源院。还有夏目漱石,我们三人住在一起。"(秋月龙珉《世界的禅者——铃木大拙的生涯》,岩波书店,"岩波同时代丛书",1992年,140页)

在西田记忆中的大拙是这样的:"我们进大学的时候,你(大拙)一个人去了圆觉寺僧堂。那时洪川长老还健在,但隔不多久就圆寂了。你继续到宗演长老门下蒙受钳锤。后来也去大学学习了一阵,不过主要还是和云水僧人一起苦修磨炼。"(《〈禅与日本文化〉序》,作于1940年,见《西田几多郎随笔集》,69页)

西田还说到当时大拙的形象:

> 时而遇到不堪忍受的人或事,你嘴上说道真麻烦真麻烦,其实总是很淡定,宛如行云流水一般。
>
> (《西田几多郎随笔集》,岩波书店,"岩波文库",1996年,70页)

这和夏目漱石《门》中所写"一张罗汉般滑稽的面孔,看起来是个轻松愉快的青年"一样,都生动地刻画出大拙飘飘淡淡、高洁脱俗的风采。

### 2. 大拙的见性体验

旁人眼中看到的大拙也许是一个轻松愉快的青年。可是,对于当时正拼命参究公案的大拙本人来说,其心中应该并不轻松愉快。大拙回忆当时曾说过:"我从五十年前开始学习坐禅,参'只手音声'公案,参'无字'公案,煞是费了不少力气。"(《禅思想史研究第二》序,作于1948年,见《铃木大拙全集》卷2,3页)

具体地说,大拙最初在洪川长老指点下参"只手音声",洪川长老圆寂后,他再到宗演长老门下继续参禅。不过公案换成了"赵州无字"。在晚年的回忆中大拙说:

> 至今我都还记得很清楚,当时洪川师在桌上伸出一只手,问我"听到了吗?"也就是说,听到只手的声音了吗?——"两掌相打有声,如何是只手音声?"但当时的我什么也不懂。只是因为侍奉在师身旁,亲身感受到师的伟大,所以很感动。后来到宗演师门下,公案从"只手"变成"无字"。现在回忆起来,那时的我除了参禅,再没心思想别的事情了。
>
> (《世界的禅者——铃木大拙的生涯》,岩波书店,"岩波同时代丛书",1992年,139页)

明治三十年(1897),大拙在宗演长老的鼓励下独自赴美。出发前一年的年底,因为想到这可能是在宗演长老门下参禅的最后机会,所以大拙拼命参究"无字"公案,终于"见性"(见到自己本性):

> 当时我豁出命来参究"无字"。在富士见亭夜坐的事情以前我已经说过了。我在舍利殿中也坐过。舍利殿后边有个山洞,据说是开山祖师佛光禅师坐禅的地方,就在续灯庵后面。在那里我也一个人坐过。就这样,在去美国前一年的腊八摄心,我终于有了"啊,原来如此!"的体验。
>
> (《世界的禅者——铃木大拙的生涯》,岩波书店,"岩波同时代丛书",1992年,140页)

旧历十二月称腊月,腊八就是十二月八号。因为释尊在这一天开悟得道,所以禅宗寺院从十二月一号到八号停止所有的仪式活动,不分昼夜,只管坐禅,这称为腊八摄心。大拙终于在那年的腊八摄心时,体验到了"啊,原来如此!"

关于当时的具体情况,后来大拙在从美国写给西田的信中这样叙述(明治三十五年[1902]9月23日):

> 由此(威廉的《宗教经验的诸相》)我想到了从前在镰仓的体验。那天晚上,坐禅结束后我离开禅堂。那晚月亮很好,在月光下我穿过树林,准备回归源院。当走到山门附近时,突然我忘了自己。不过,好像也不是完全忘了。但是,在月光下,自己的影子与树丛的影子混在一起映照在地面。那就好像是一幅画,我自己就变成了画中之人,树和我之间没有任何区别,树是我,我是树,我分明感到自己的"本来面目"。回到归源院后,胸中极为爽快,没有一丝芥蒂和阻塞,好像充满喜悦之情。当时的那种心境,我很难用语言来表达。但是最近读到威廉的书,我似乎觉得自己的灵魂接受了一次几年未遇的洗涤,因为他所描绘的其实正是我当时的感受。

【资料54】突然记起,余曾在镰仓的那一夜。如期坐禅后,下禅堂,于月明中穿树林,欲归庵居归源院。近山门处,忽忘此身。然似也并未全忘。而月光照射,树影婆娑,印在地面宛然如画。余成画中之人。树与吾无别,树是吾,吾是树,本来面目,历历然有所思。后归庵,胸中释然,无丝毫凝滞,似充满欢喜之情。当夜之心境难以一一言传。近日读到威廉之书,觉余之心境竟与其描写无异。

(西村惠信编《致西田几多郎:铃木大拙书简》,岩波书店,2004年,94页;《铃木大拙全集》新版卷36,岩波书店,2003年,221页)

### 3. "臂膊不向外曲"

虽然大拙成功突破了"无字"公案这一关口,但是他也和西田一样,并没有因此而满足。晚年谈到这一经历时他的语气有所改变:

> 当然,尽管也不是没有"放下了多年以来梗阻在胸口上的包袱"的轻松感,却没有"就此了事"的感觉。那个时候真的是忘掉了一切。西田几多郎也说过"今夜独参无字,终得许可。虽然,余甚为不悦"。也许每个人性格不同,不过当时的我的确也没有特别高兴。

> (秋月龙珉《世界的禅者——铃木大拙的生涯》,
> 岩波书店,"岩波同时代丛书",1992年,141页)

曾经深深体会到的"无字"公案的感动,可是这时候的大拙的语气不知为何却变得很冷淡。难道说随着岁月流逝,年轻时候的新鲜体验也会逐渐褪色吗?

其实并非如此。这完全是由于大拙在美国的十几年中获得了更为直观的体验,使得自己的思想得到了深化:

> 赴美前年的腊八摄心,我经历了"啊,原来如此!"的体验。当时热衷其中,完全忘掉了自己,忘掉了其他一切。后来我到了美国,在拉萨尔(La Salle)思考问题的时候,看到了"胳膊肘不朝外拐"这句话,于是我突然间有了一个悟头。"对了,这样就明白了。难怪呢,原来真是太理所当然的事了。没有任何不自然的做作。我说呢,胳膊肘不用向外拐就好。不自由(必然)就是自由。"

> (秋月龙珉《世界的禅者——铃木大拙的生涯》,
> 岩波书店,"岩波同时代丛书",1992年,149页)

"胳膊肘不外拐"的原文是"臂膊不向外曲"。这句话在《碧岩录》等禅宗书籍中可以看到。前面慧可断臂的故事中我已经说过,"臂"在日语中是肘的意思,汉语中指胳膊。汉语的"臂膊不向外曲"和俗语的"胳膊总是朝内拐"意思相同,暗指人总是要偏护自家人的。

但是,按照日本禅门的传统解释——胳膊只会向内弯——一切都是自然的、真实的,一切都是该怎样就怎样的。大拙自然也是这样理解的。从这里大拙得到了"难怪呢,原来真是太理所当然的事了""我说呢,胳膊肘不用向外拐就好。不自由(必然)就是自由"的直观和确信(芳泽胜弘《胳膊肘不外拐》,《禅文化》第 159 号,1996 年 1 月)。

大拙接着还说:

> "臂膊不向外曲",这句话我好像是在《槐安国语》中看到过。在日本洪川长老的讲义中我也听到过。那时只是觉得有些不可思议,本来是理所当然的事,干嘛非要特地提出来说。所以也没有特别在意。直到来美国后我才明白。这以后我不论读什么都一目了然,达到了一个至今为止从未体验过的境界。也许是因为当时从书上读到的"意志的自由与必然"启发了我吧。所谓必然(necessity)与自由(freedom),当时是威廉·詹姆斯(William James)等人一直关注的问题。康德(Immanuel Kant)以来,或许还更早,西洋就有自由意志(free will)与必然(necessity)的争论。自从有了这样的体验,我明确意识到,西方哲学或逻辑学都是行不通的,必须还得用禅宗来。用森本(省念)的话来说就是"无字大破",这个时候再次闯入到我的意识中来。
>
> (秋月龙珉《世界的禅者——铃木大拙的生涯》,岩波书店,"岩波同时代丛书",1992 年,149 页)

"不自由=必然=自由"这一直观体验,使大拙形成了自己独立的禅思想。那就是后来的"般若即非""无分别的分别""超个与个"。

大拙话中说自己明确意识到西方哲学行不通,必须要依靠禅宗。可是,客观地读完以上这段话后,我们可以知道,大拙的意思其实是仅有传统的禅体验也是不够的,还需要汲取西方哲学中"自由和必然"相一致的思想。以这个思想为基础,才能建立起独立的禅思想。

大拙在从美国寄给西田的信中,虽然激情洋溢地描述了自己从"无字"公案见性体验的感动,但是那感动已经与威廉著作带给他的感动融为一体。由此我们可以知道,大拙独立的禅思想其实早已萌芽。

# 三、铃木大拙的禅思想

## 1. 即非逻辑

后来,大拙根据《金刚般若经》,将"臂膊不向外曲"的直观体验公式化为"A 非 A,故是 A"的逻辑形式,并把它命名为"即非逻辑",或者又叫"般若即非逻辑"。

下面,我主要从大拙晚年(主要是 20 世纪 60 年代)随笔中引用一些简明易懂的文章来叙述他的禅思想。不过,大拙禅思想本身形成于 20 世纪 40 年代前半期(1940—1945),也就是太平洋战争时期。

不昧因果可以说是对般若即非逻辑的例证。《般若经》中随处可见"A 非 A,故是 A"的逻辑形式。比如说"世界不是世界,所以是世界""一切法不是一切法,所以是一切法""佛土庄严不庄严,所以庄严"等之类。说得更普通一些就是,白不是白(是黑)所以是白,牡丹不是牡丹所以是牡丹,山是山又是水,水不流桥在流,空手使枪,鞍下无马鞍上无人——如此这般,用相互矛盾的文字来替换,这就是即非逻辑。佛教徒把它作为存在的第一要义。

(《佛教的大意》第一讲"大智",法藏馆,1947年;1999年新版,60页)

大拙在不同地方反反复复说着类似的话,还时而把它们和西田的"绝对矛盾的自我同一"放在一起说:

般若系佛教中,说"色即是空,空即是色"。色是有形的,空是无形的,所以有就是无,无就是有,这是般若的立场。也是西田哲学的"绝对矛盾的自我同一"。

(《东洋式见解》,作于1961年,见上田闲照编《新编 东洋式见解》,岩波书店,"岩波文库",1997年,18页)

"有限即无限"就是"色即是空"。……如果只说"有限即无限",那还只是偏于一方。后面不加上"无限即有限"即"空即是色"的话,不能称为完美。在这一点上,佛教考虑得非常周到。说了"色不异空"后,立即在后面加上"空不异色"。如此提醒人们不要有失偏颇。这也算是煞费苦心了。

(《东洋式见解》,见《新编 东洋式见解》,24页)

真实就是,消极就是积极,否定就是肯定。这就是"绝对矛盾的自我同一"。将否定转化为肯定,这个作用很有可能触及东洋精神的精髓。西田君的逻辑一语道破这个关键之处,实在是无懈可击。如果不能彻底到"A非A,故是A",那就不可能触及佛教以及其他东洋思想的深奥之处。……"空"不是空空寂寂的"空",森罗万象,混混沌沌,杂然一处,无边无尽,这就是"空"。这就称为"色即

是空,空即是色"。我自己把它叫做 0＝∞,也就是"零等于
无限"。这是我自己列的等式。我想从这里认得"空"的
世界。

### 2. 山是山,水是水

一切皆空。但是,空并不代表虚无,也不代表不存在。正
因为一切皆空,所以一切存在才会清清楚楚、明明白白地显现
出来。简单地说,就是"色→空→色"的思维方法。大拙说:

> 从前有个禅僧说:"我还没有参禅时,看山是山,看水
> 是水。开始参禅后,变成看山不是山,看水不是水。但是,
> 参禅有了个悟头后,又变成看山还是山,看水还是水了。"
> 看山不是山、看水不是水的体验,是必须要经历一遍的。
> 如果没有这个经历,就看不到真正的山,看不到真正的水。
> 《般若经》中说"A 非 A,故而 A 是 A"。这是与亚里士多德
> 式逻辑完全不同的思维方法。要想了解事物真相,就必
> 须要经历这个"矛盾"之路。不要在语句上做功夫,而要真正
> 地"体验",真正地"知见"。

（《现代世界与禅的精神》,作于 1961 年,见《新
编　东洋式见解》,126 页）

大拙在这里提到的禅僧是我们在第三讲中说过的青原惟
信(参照【资料 41】)。大拙时常引用青原惟信这段话说明"即
非"的概念,"山是山,水是水"(0 度)→"山不是山,水不是水"
(180 度)→"依前山是山,水是水"(360 度)。所谓"即非",虽然
据大拙说是般若经典的说法,但是与其说它是源于印度的教
理,不如说是大拙在宋代禅圆环逻辑的启发之下思考出来的逻

辑理论。

而且,大拙还把盘珪和妙好人找出来作为这个逻辑的实例。

### 3. 盘珪和妙好人

我们眼中的盘珪和妙好人是活得非常随意自然、任性逍遥的。但是,大拙把他们的随意自然看作经历了绝对否定过后的、"即非"的随意自然。关于盘珪的事例我们前面已经讲过了,这里举个妙好人浅原才市(1851—1932)的例子吧:

> 从某种意义上来说,自然随意证明了"绝对矛盾的自我同一"这个事实。才市翁的娑婆观及其他,能让我们立竿见影地了解到这一点。

> 从娑婆世界到极乐世界
> 没有捷径
> 还是只有这娑婆世界
> 娑婆世界,南无阿弥陀佛
> 极乐世界,南无阿弥陀佛
> 感恩,感恩
> 才市的眼睛,雪亮雪亮
> 南无阿弥陀佛,南无阿弥陀佛
> 想想看吧,我很幸福
> 南无阿弥陀佛
> 身在浮世之间,口念南无阿弥陀佛,以享受净土之快乐
> 南无阿弥陀佛来迎我
> 南无阿弥陀佛引导我

> (《所谓自然随意》,作于 1963 年,见《新编　东洋式见解》,95 页)

念佛并不能带来从娑婆到极乐的往生。现在活着的这个娑婆世界，此时此地，随时随地，自然就是极乐世界。

### 4. 真空妙用

如果只是"色＝空＝色"，那么从大拙自身的说明中我们也可以看到"色即是空，空即是色"，或者"真空妙有"等历来就有的说法。但是既然如此，为什么又要特地加上"即非"这个新名词呢？

理由不外乎就是，"即非逻辑"不是存在或认识的逻辑，而是行为的逻辑。这是大拙提出的崭新观点。

> 这里具有圆满的万德。万德可以直接说成万法，或者大用，或者妙用。有"真空妙有"的说法，但"真空妙用"似乎更好。因为具有无限的自由，所以没有"轨则"。不但不会被社会组织所束缚，反而能成为创造社会组织的主人公。
>
> （《现代世界与禅的精神》，见《新编 东洋式见解》，129 页）

所谓"妙用"，就是自由和必然自觉达到一致的最自由最恰当的行为。大拙把它叫作"无分别的分别"，并用中国的禅语"大用现前，不存轨则"，以及日本禅僧至道无难（1603—1676）的和歌"虽然活着，却已死去，彻彻底底，任心随意，无边无际"，反反复复对其进行说明：

> 自由的本质是什么？用身边例子来说，松树变不成竹子，竹子也变不成松树，各自安于自己本位，这就是松树和竹子的自由。一般的人或者科学家把这个称为"必然性"，认为这是必然的。从事物的有限性，或者从所谓的客观来看，也许的确如此。但是从事物自身，也就是从它的本性来看，这是它的自由，具有自主性，不受其他任何事物牵制。这就是天上天下，唯我独尊。松树是松树，竹子是竹

子,山是山,河是河。没有束缚,自己就是主人公,自觉地发生作用,这就是自由。……禅语中有"大用现前,不存轨则"。……所谓大用,就是指事物履行的符合自身本性的作用和行为。松树变不成竹子,这只是人的判断,从松树自身来说,是人多管闲事。松树不会按照人的轨则和原理生存。这就是自由。

(《自由·空·只今》,见《新编　东洋式见解》,67 页)

松树是松树,竹子是竹子,山是山,水是水,这既不是极限也不是束缚,以"空"为媒介,松树不是松树以外的任何东西,竹子不是竹子以外的任何东西,这就是松树、竹子自身的"自由"。大拙说的就是这个道理。

我们可以看到,在这里贯穿着"不自由＝必然＝自由",也就是"臂膊不向外曲"的直观。由于所有现实存在中都渗透着这种直观,因此符合"必然"的"妙用",都可以得到"自由"的发挥。"即非"就是告诉我们去确信这种直观的存在。我们在"真空妙用"中提到的"因为具有无限的自由,所以没有'轨则'。不但不会被社会组织所束缚,反而能成为创造社会组织的主人公"这句话,其实也是同样的意思。

## 5. 人

所谓"主人公",就是发挥"妙用"的具有能动人格的人。行为当然应该有主体。昭和二十年(1945),也就是日本战败那年的 3 月 11 日,西田在给大拙的信中写道:

大拙君,前日光临寒舍,不巧又有其他人来,没能和你好好说上话,真是遗憾。我现在正在写关于宗教方面的文章。我想说明用历来的对象逻辑思维思考宗教是行不通的,必须得用绝对矛盾的自我同一逻辑,也就是即非的逻辑。我打算从般若即非的立场出发,找出"人",也就是"人格"。然后把它和现实的历史世界结合起来。遗憾的是当今局势不允许我将它发表在杂志上。现在差不多写了一半,等完稿后我会抄一份与你,请你指点。你的《日本的灵性》实在是让我受益匪浅("无念即全心"非常有意思)。

　　　　(《西田几多郎随笔集》,岩波书店,"岩波文库",1996 年,367 页,"　"号为笔者所加)

　　但三个月后,西田没有看到战争结束就去世了。"从般若即非的立场出发,找出'人',也就是'人格'",这是西田自身意识到的问题,同时也是大拙意识到的问题。《日本的灵性》是昭和十九年(1944)年底出版的大拙著作。最后一章的第五编是"金刚经的禅"。这一编中引起西田共鸣的应该是三"应无所住而生其心"的8"人"篇中"无念即全心"之处(角川书店,"角川sophia 文库",355 页)。

### 6."应无所住"和"而生其心"

　　大拙把昭和十八年到十九年间自己的演讲内容汇集起来放在《日本的灵性》最后一章"金刚经的禅"里。在这一章中关于"人"的描述频繁出现。"人"是生动体现"即非"逻辑,发挥自在"妙用"的主体。换句话说,"人"就是以"真空"为"体","妙用"为"用"的一个活着的"主人公"。

　　我想,大拙也许是从神会思想中得到的启发(参照第一讲【资料9】)。"金刚经的禅"把"应无所住而生其心"这句话中的"应无所住"作为"体","而生其心"作为"用"。

　　大拙说:

　　　　这个"人",是行为的主体,是灵性直觉的主人公(本来的自己、真实的自己),从这里"而生其心"。不要被绝对无所迷惑,要看得到作用发生的活机,那里有"人"的存在。这么一说,也许大家会想,这个人有手有脚有思想,定是个具有自我个性的实体。其实并非如此。正如"应无所住而生其心"所说,"无所住"是绝对无,"而生其心"是行为的主体,也就是"人"。"人"是从这里跳出来的。

(《日本的灵性》,角川书店,"角川 sophia 文库",<br>1944 年,357 页;《全集》5,岩波书店,2000 年,402 页)

提出"人"这个概念的著作还有著名的《临济的基本思想》(1949 年)。此书的出版刊行是在二战后,但写作时期应该和《日本的灵性》差不多。大拙在昭和二十年 3 月左右写的几封书信中,都提到过书已写完却不能出版的问题(昭和二十年 3 月 7 日写给坂本弘的信,3 月 31 日写给西谷启治的信)。

在《临济的基本思想》中,关于临济"无位真人""无依道人",大拙这样写道:

临济的"自省"是自己省自己,而且这个自己从开始就没有被分开过,是灵性的自觉。正因为这样,所以全体作用成为可能。用临济的话来说就是,灵性是"人"(这里的"人"日语不读"hito",读作"ninn")。是"一无位真人",或者是"无依道人"。《临济录》就是由这个"人"所说,记录着这个"人"的"作用"的著作。只要能认识到这个"人",就能抓住贯通全书的精神。临济"自省"这个"人"。……这个"人"既是超个又是个之一。换言之,临济既是临济也不是临济,般若因为不是般若所以是般若。"人"活在即非的逻辑中。临济就撞着了这个。

(《铃木大拙全集》3,岩波书店,2000 年,350 页。<br>着重号为原文所有)

大拙说的这个"人"是"超个又是个之一"。"超个"是普遍的无穷尽的本性的自己("真空""应无所住"),"个之一"是具有个别具体行为的现实态的自己("妙用""而生其心")。二者集于一身,也就是"活在即非逻辑"中的"人"。

不过,在《临济的基本思想》中,这个"人"的概念被作为不言而喻的前提。大拙并没有对"超个"和"个"的关系作出具体说明,只是把唐代禅者的言行作为实例,一个一个列举出来。这也许是昭和十八年(1943)刊行的《禅的思想》第二篇"禅行为"中已经进行了详细说明的缘故吧。《临济的基本思想》和《禅的思想》两书是姊妹篇,如同语法教材与会话教材的关系。

### 7."超个"和"个"

在《禅的思想》中,大拙用"法身"和"现身"、"宇宙灵"和"自己灵"、"无分别"和"分别"、"唯一"和"个多"等多种用语来说明"超个"与"个"的体用关系。这和"金刚经的禅"所揭示的"应无所住"与"而生其心"的体用关系是吻合的。为了把这个关系生动形象地表现出来,《禅的思想》也从中国禅籍中引用了众多的例子。其中最重要的就是我们在第二讲中提到过的云岩和道吾的问答(参照【资料27】):

> 法身的"一人"和现身的一人,究竟是以什么关系相互发生"作用"的呢? 从以下引用的问答中我们可以得到启发。同时也有助于理解我反复重申过的宇宙灵和自己灵、无分别和分别、唯一和个多等概念是如何被禅所接受的。
>
> 云岩昙晟正在煎茶。同参的道吾问:
> 问:"煎与阿谁?"　("给谁煎茶?")
> 答:"有一人要。"　("有人说想要。")

问："何不教伊自煎？"（"为何不让他自己煎？"）

答："幸有某甲在。"（"正好我在这里。"）

乍一看没有什么特别，不过就是寻常问答，所用语句似乎也并没有暗藏着什么深奥的道理。

"给谁煎茶？""有人说想要。""为何不让他自己煎？""正好我在这里。"

（《铃木大拙全集》13，岩波书店，2000 年，160 页）

大拙指出，"一人"代表"超个"（体），"某甲"代表"个"（用），只要能抓住这个关系，则比较容易搞清楚这段问答的要点所在：

一问一答，很简单。让我们用"分别智"来看看其中所包含的意思。"有一人要"的一人，是自己不能煎茶的，而且如果只是一人也不需要喝茶。因为有"幸有某甲在"的某甲在，可以通过某甲的手煎茶，而且先前说要茶的一人也是通过某甲来表达要的意识。一人和某甲，并非存在于分别的个多世界里。但是，要这一作用以及煎这一作用，如果不是在某甲所处的分别世界或个多世界里是不可能实现的。要和煎的作用都只在现实的个多世界中才具有意义。但是，如果背后没有一人的存在，那么现实也会变得不现实，个多也不能维持其多个性。一人本身不会煎茶，或者说不能煎茶，必须要有某甲的存在。而某甲也一样，某甲本身不会要，也不会煎。然虽如此，并不是说一人中包含着某甲，也不是说一人处于某甲之上。反之，某甲没有把一人放入自身之中，也没有说自己就是一人。一人和某甲，两两相对，而且不失回互性和自我同一性。

（《铃木大拙全集》13，岩波书店，2000 年，160 页）

# 四、禅和近代文明

## 1. 大拙的体用论

把以上内容连起来看我们可以知道,初期禅宗神会的体用论("应无所住"与"而生其心"),唐代石头禅对本性的自己和现实态自己的探究("渠"和"我"),以及宋代禅的圆环逻辑("山是山,水是水"→"山不是山,水不是水"→"依前山是山,水是水"),不论其时代差异,也不论其法系差异,大拙把它们综合成一个现在进行时状态的思想,形成以下的体用关系:

(体)"一人"——"超个""法身""宇宙灵""无分别""唯一"——"应无所住"——"真空"

(用)"某甲"——"个""现身""自己灵""分别""个多"——"而生其心"——"妙用"

那么,大拙的这一思想究竟是想指向何处呢?

从《禅的思想》第二篇"禅行为"以下一段话中,我们可以看出大拙的目的(为了方便说明,我把这段话分成4段。如果你觉得读起来仍有些困难,可以先从引文后面读起):

1. 从逻辑上看来,禅的经验事实终究是无知的知,无分别的分别。如果这么说,那么也许会让人觉得禅只是如此而已,从中既不能产生宗教也不能产生伦理。事实上也的确有如此想法的人。比如说宋代儒者就如此,说什么禅宗里没有日常行为准则,不论思想多么高远,身边的日常生活却不会因此而运作。这种批判经常可以听到。也许从某种意义上来说的确如此,然而实际上却并不是这样的。

2. 那么为什么会如此呢? 也许在于禅的修行必须是

147

要有知识的人才可实现的原因吧。无学之人当然也有成为禅者的,而且也有知识学问反而会成为修禅障碍的说法。但是实际上,修禅还是有知识的人比较好。本来任何事情都一样,如果没有深厚的思想背景,那么视野会狭小,信仰会萎缩,人也会变得偏执。不但救不了世界,连自己也救不了。也许有人说,宗教是信仰,不需要知识。但事实并非如此。对于一个人来说,知识、思想、反思在任何时候都是不可缺少的。

3. 禅以无分别的分别为宗旨,这不仅仅是逻辑上的认识。禅离开了用则什么都没有。无分别的分别意味着"行","行"的逻辑。也就是说禅是"用"的逻辑。没有大机大用的地方就没有禅。如果认为不可解的禅问答才是禅,不说些无知的知禅就不成立的话,那就大错了。既然禅在扬眉瞬目、咳唾掉臂、屙屎送尿之间,那么不用说禅也应该在治理天下国家处,也应该在各人恪尽职守之中。也就是说,政治上,社会生活中,民族交流之间,无处不有禅。

4. 但是,这并不是说禅对于每一个别事物都拥有单独的、特定的理论、思想或指导方针。在处理每件事情时,当事人根据各人的分别智持有不同意见也是有可能的。禅的贡献就在于,禅是运用这些分别智的原理。这个原理又称为无功用或者无功德。从"知"的一面来说,是无知的知,无分别的分别,从"行"的一方面来说,是无功德的功德,无用的用。

(《铃木大拙全集》13,岩波书店,2000 年,97 页。着重号为原文所有)

文章比较晦涩难懂,我把各段论点简单地总结如下:
1. "禅"不仅仅停留在"无知的知,无分别的分别"上;
2. 所以,修"禅"的人需要有"知识、思想、反思";

3. "禅"的"无分别的分别"对于实际的现代社会也是有效的;

4. "无分别的分别"是促使各种"分别"有效发生作用的"原理"。而这各种"分别"是现代社会运营中所不可缺少的。

也许还是有些难懂。那我们再重新排列一下:

1. "禅"不仅仅停留在"无知的知,无分别的分别"上;

3. "禅"的"无分别的分别"对于实际的现代社会也是有效的;

4. "无分别的分别"是促使各种"分别"有效发生作用的"原理"。而这各种"分别"是现代社会运营中所不可缺少的;

2. 所以,修"禅"的人需要有"知识、思想、反思"。

这样,我们就可以看到,大拙思考的体用关系和前面我们说的体用关系是互相重合的:

(体)禅　　　　　"无分别的分别"　　"原理"

(用)近代文明　　"分别"　　　　　　"知识、思想、反思"

唐代禅者从日常生活起居来思考现实态的自己,比如说沏茶、扫除、走路、过河等。但是到了大拙生活的动荡不安的 20 世纪时,问题不可能那么简单。对于大拙来说,现实态自己从个人的日常生活起居扩大到社会,甚至世界的规模、"天下国家"、"政治"、"社会生活"、"民族交流"等。那么,"妙用"与近代"知识、思想、反思"的联动也就成为必然。

所以,大拙从初期著作开始,一贯强调学习西方近代知识的必要性和重要性。比如在昭和十八年与《禅的思想》同时出版的《宗教经验的事实——以庄松底为题材》一书中,尽管当时还处于战争期间,大拙仍然严厉批判了"八纮一宇",说:

从政治、帝国主义以及所谓个人主义来解释"八纮为宇",把它作为我日本国民族性格的基础,试图用来规定国家的行为。没有比拥有这种思想的人更为危险的了。这类人是二元论者。……对这种精神〔"随意自然"的东洋民族精神〕的正确引导,在于不能只是一味追求"随意"主义,在"随意"的同时,还必须兼有西方的、科学的理智与批判精神。

(《铃木大拙全集》10,岩波书店,2000 年,81 页。
〔 〕内文字为笔者所加)

不用说,这里"西方的、科学的理智与批判精神"和前面"知识、思想、反思"是同义的。

### 2. "空虚"的"根本"——日本文化的特性

但是,以偏执的日本精神为中心,把"西方的、科学的理智与批判精神"作为道具,这种所谓的和魂洋才折衷论并不是大拙所主张的。昭和十三年(1938),西田在京都帝国大学举办的"日本文化的问题"演讲中,说了以下这段话。这段话不仅表明了西田自身的立场,同时也代言了大拙的立场:

> 关于这个问题,最常见的想法就是用日本精神消化西洋文化。这近似于从前"和魂洋才"的态度。对于有这种想法的人来说,抱着一种特别的日本精神——当然,我并不否认这种精神的存在,艾略特(Thomas Stearns Eliot)所说意义上的传统精神是有的——以这种精神为中心,将外国文化捆绑在一起。就好像蓑蛾一样,四处找来树叶绑在自己身上(笑声)。这种想法极为浅薄而且恶劣。

> (《日本文化的问题〔讲演版〕》第二讲,《精选西田 国之卷 西田几多郎日本论集》,书肆心水,2007年,30 页)

那么,究竟该怎么办呢? 西田在演讲中打了一个有趣的比方:

禅思想史讲义

150

　　本来,历史有各种各样的动向。人类的发展不也有各种各样的途径吗? 那我现在举个动物的例子。比如说哺乳动物,哺乳动物有很多种类,但是作为哺乳动物有个原型。正如歌德说的"原植物"一样,也有"原动物",原动物分化变质。原型是什么样的不清楚,总之有一个型,从这个型发展分化成各种各样。比如说脖子最长的动物是长颈鹿,可是同属哺乳动物的鲸鱼却没有脖子(笑声)。但是根据动物学家们的说法,哺乳动物颈骨的数量是一定的,也就是说长颈鹿和鲸鱼的颈骨数量是相同的(笑声)。不知道原型到底是什么样的,才能分化发达到这一步。发达无疑就是分化的特殊化。对于人类来说,我总觉得也应该有"原文化"。……东洋的文化到底是什么程度,现在我还不能说。对它的研究是我们肩负的重要责任。不能说东洋文化发达起来,吞并西洋文化,反之亦然。当然,也不能说东洋、西洋完全不相关。东洋、西洋是一棵树上的两个分枝。虽为分枝,但是两者的根是相连互补的。如果挖不出更深的根来,就不可能实现融东洋、西洋为一体的世界文化。

　　　(《日本文化的问题[讲演版]》第二讲,《精选西
　　　田　国之卷　西田几多郎日本论集》,书肆心水,2007
　　　年,35 页)

　　长脖子的长颈鹿和没脖子的鲸鱼,表面看来是两个极端,但是两者却拥有相同数量的颈骨。西田从这里想到了在分化成各种动物之前的作为共同起源的"原动物"。也就是说,有一个浑然一体的、无限的、形而上的普遍性,这个形而上的普遍性在各种不同的客观条件下,分化成各种不同姿态的形而下的动物。浮现在西田心中的,也许就是这样的形象。

　　这个生动的比喻也适用于对文化的思考。东洋和西洋,传

统和近代,不必用胶布强行地把这些异型文化勉强粘合在一起,而是应该重新回到具有无限可能性的最"根本"的"原文化"上去。包容对立,扬弃对立,构筑更高层次的"世界文明",这是西田的主张。

这个近似于"超个"和"个"、"真空"和"妙用"、"应无所住"和"而生其心"的关系,并不难懂。同时,我们也很容易想到,无限的、无定形的"根本"则相当于禅的"无"。

但是,西田的话还没有说完。在最后的第三讲中,西田用以下这段话作为那次演讲的结束语:

> 如此这般,历史世界的思考多种多样。我在思考它的原型,以及从这个原型分化出来的各种不同的模型。迄今为止,世界的各种文化看似毫不相关地发展而来,但是今天,世界就在面前。今后它将如何发展下去呢? 我认为,世界将归结到一个统一的文化原型,这是文化的发展方向。

> 再谈谈我对日本文化的思考。刚刚说过,日本文化可以以柏格森(Henri Louis Bergson)所说的"时"来规定。所谓无形的文化,用艺术来说就是音乐式的文化。也正因为如此,日本文化自古以来就吸收了各种异文化。如果我们有固定的文化,那么不是把异文化变为自己的文化,就是被异文化所破坏。但是,日本文化的特长就在于一边接受异文化,一边自己不断发生变化。将种种异文化融合在一起,这是日本文化的优秀之处。但同时,这也是不拥有固定文化的日本文化的弱点。日本的固定文化只是一个象征性的符号,其中不含有具体内容,仅仅只是名义主义(Nominalism)。没有固定的内容原本是日本文化的特色,却因此而形成空洞无物的缺点。所以我想,日本文化要想成为世界性文化,就在于日本文化能够把所有异文化汇集

起来,重新形成一个崭新的巨大的综合性的文化——这里
具有极大的灵活性。

（《日本文化的问题［讲演版］》第三讲,《精选西
田 国之卷 西田几多郎日本论集》,书肆心水,2007
年,43页）

以"没有固定内容"为特色的"日本文化",以"不拥有自己
固定文化"、以"空洞无物"为缺点的日本文化——但是,也恰恰
由于这种"空虚"的特点,日本文化反而能够成为形成"世界文
化"的无限的"根本"。

### 3. "文明社会对抗原理"的"禅"

夏目漱石曾经在明治四十四年（1911）有过一次著名的演
讲,题为《现代日本的开化》。演讲中,漱石一边自嘲现代日本
的开化如何之肤浅轻薄,一边感叹在"外发"近代化的逼迫下不
得不开化的苦衷（三好行雄编《漱石文明论集》,岩波书店,"岩
波文库",1986年,34页）。

漱石还说:"受到这种开化影响的国民应该有一种空虚的
感觉,同时应该还伴随着不满和不安。如果大家洋洋得意,以
为这开化是发自内心的心甘情愿,从而显出一副洋气十足的样
子,这样的人不好,既虚伪又轻薄。"（同上书,33页,着重号为笔
者所加）

在大正四年（1915）《我的个人主义》的著名演讲中漱石也
说过同样的话。他主张不要站在"他人本位"的立场照搬西洋,
而要站在自己本来的立场上,也就是"自己本位"上思考问题
（同上书,114页）。

前面我们提到过,斋藤希史先生认为漱石是为了强调"文
明社会对抗原理"的禅,所以才把禅语用到汉诗中来的。那么
我想,把"文明社会对抗原理"的禅从文艺领域引入哲学宗教领

第
四
讲

「无」和「近代」——铃木大拙与20世纪的禅

域,并使之不断深化的不正是西田和大拙吗?

我认为,这里介绍的西田的结论以及前面说到的大拙的体用论,都是在用禅来重新解释漱石所说的"空虚感"。正是因为日本文化拥有这种空虚,所以反而能包容一切、扬弃一切,成为促使一切发生作用的普遍原理。也就是说,本来是缺点的"空虚感",在这里被逆转成优点。

"禅"和"无"对东西方文化的扬弃,并没有使文化的发展方向指向无国籍的世界主义或全球化,相反与日本文化的特性——"空虚感"这一逆转的优点结合在一起。对于明治时期的日本知识分子来说,这也许是理所当然的结论吧。

斋藤先生还说:"漱石把闲适拣出来,作为对西方的,或者说是对文明的对抗原理。"(《汉文脉与近代日本》,215 页,着重号为笔者所加。)另外,在同书的其他地方还可以见到"作为西方对抗原理的东洋"(212 页,着重号为笔者所加)之类的语句。

对于近代日本来说,"文明社会"事实上与"西方"同义。既然可以把"闲适"及其更深化的"禅"作为"文明社会"即"西方"的"对抗原理",那么把它与"西方"相对的——不代表人文地理的实际情况,而只是观念上的非"西方"、反"西方"——"东洋"或者"日本"结合起来也是必然的了。

西田和大拙所说的"东洋",是去掉其内部文化多样性后抽象出来的一个符号,与同为单一表记符号的"日本"成为事实上的同义语的原因,也许也就在此。

对外,日本要与西方列强各国抗衡,并要求西方列强承认自己独立的价值和位置(这是宗演长老芝加哥之行以来的热切愿望)。对内,日本要将自己文化的"空虚感"逆转成为日本文化的优越性,以此为根据克服"外发"于西方近代化的"不满和不安",从而恢复"自己本位"——这就是近代"日本"知识分子的"禅",作为"文明社会(即西方)对抗原理"的禅。

至少，对于用"无心""无念"来解说"禅和日本文化"的大拙来说，我想这种心情肯定是有的。比如说，大拙把"真空"作为"体"，把西方近代文明作为"妙用"的体用论。又比如说"人"的概念，不是从构造理论上，而是在每一瞬的行为中将传统和近代、日本和西方的矛盾统一起来的"人"，也就是立足于逆转的"空虚感"之上的、无定形的、动态的"自己本位"。从大拙提出的这些思想中，我们都可以看到他的这种心情。

大拙和西田的日本论，虽然对国内偏执的国粹主义日本精神进行了批判，可是到了 20 世纪末期的 90 年代，美国研究者却非难说是禅的民族主义，把本来具有普遍意义的"禅"当作"日本"的特权。其实，这些都源于大拙、西田时代的知识分子肩负着多重问题的历史原因。

# 五、大 智 和 大 悲

## 1. "悲即智，智即悲"

战争这一扭曲的近代文明已成不可阻遏之势，自由和必然并没有像大拙所想的那样自然而然地走向一致。在《禅的思想》一书中，有这样一段稍显唐突却语气悲怆的话：

> 为国捐躯，杀身成仁。如果从超个一方看来——如果可以这样说的话——那根本不成为问题。即使从存在于个体心中的超个体的意识来看，这也是理所当然的，不必多言。当事者如此，当事者所属集团的其他人看来也如此，杀身成仁，理所当然，没有任何必要为此悲伤。可是，人们遇上这种事时，却不会拍手称赞，只会垂头哭泣。为什么哭泣呢？人间有悲壮一词。逻辑上看来尽管是矛盾

155

的，但是行为上却是悲壮的，又是壮烈的。只要能听到这样的词，人就是个体的，是自由的，也是富有创造性的。封建时代说义理，说人情。人情是属于个，义理是超个。不过今天也许又有了新词。语言因时代不同而不同，但是行为的矛盾，也就是悲剧却永远持续。可以说，人是为了哭泣而来到这个世上的。这又叫做人的业。

（《铃木大拙全集》13，岩波书店，2000年，100页）

这里的"超个"和"个"的语意，与我们前面看到的完全不一样。这里所说的，既不是体用论式的普遍与个别的一体化，也不是把自由和必然统为一体的活跃的主人公。这里的"超个"是全体主义、军国主义，"个"是个人的生命和尊严。大拙要说的是"超个"对"个"的扼杀这一不合理的现实，以及对"人是为了哭泣而来到这个世上的"哀叹。

也许，大拙自身也深深感受到了即非逻辑的局限吧。在日本战败前夜出版的《日本的灵性》一书中，大拙把关于净土宗的诸论文和"金刚经的禅"集中放在一起。也就是说，大拙认为，上述禅思想自身还不能归于完结，需要和"大悲"之心一表一里，相辅相成。"金刚经的禅"六"禅概观"7"四弘誓愿"用这段话作结尾：

这里我还想说一句，禅者往往会忘掉大慈大悲之心。他们总是会念诵"四弘誓愿"，可是，在实际行动中却似乎并没有付诸实践。

众生无边誓愿度，
烦恼无尽誓愿断。
法门无量誓愿学，
佛道无上誓愿成。

这些话都说得很好。是必须如此的。不过现实中，智的方面似乎强调很多，悲的方面却闲置着。"一无位真人"，或者是"天上天下唯我独尊"，一面是大智，一面是大悲。我们从文字上区别，将智和悲分开。其实，"人"这个东西其整体是悲也是智。对于"人"来说，智是悲，悲是智。"人"的一举一动尽是悲，尽是智。……木头人没有蓄意的作为或技巧，但是自然法尔中有着无限的大悲、无尽的誓愿。日本式灵性的生涯，其终极意义也就在此。日本民族性的特征之一就是具有丰富的情感。但是不能只是感性地运用它。首先要接受灵性的洗礼。只有在产生于超个的灵性的情感中才能看到普照天下的可能性的发展。

（《日本的灵性》，角川书店，1944年，428页）

所谓众生无边誓愿度，并不是说从分别上把他人的苦和自身的苦分开来感受。而是对于存在一般的苦、世界苦，或者说是宇宙苦，对一切苦的大悲之心。能够看到宇宙苦的是大智，可是要脱离宇宙苦就需要有大悲的能动作用。"看"不只是看，只有当脱离宇宙苦的大悲开始发生作用时才能看到。只是"看"的行为是不可能发生的。看是因为有想看的愿望。这就是大悲。所以可以说先有大悲，然后才有大智。不过，这只表示说话陈述的先后顺序而已，事实上悲就是智，智就是悲，同时同处发生作用。因此，有大智的地方就必然有大悲，有大悲的地方也必然有大智。

至道无难禅师有这样一首和歌：

竖着飞去，横着飞来，纵横无尽，非我物者，亦皆我物。

这让人想起亲鸾圣人的"横超"①。初句是往相（往生净土），下句是还相（还来秽土），往还回互得以完成，悲智

---

① 译者注："横超"即斩断烦恼，一跃往生净土。

圆满的菩萨行成为可能。日本式灵性的终极目标，指向的就是这个方向。

（《日本的灵性》，角川书店，1944年，430页）

### 2."众生无边誓愿度"的祈祷

从以上这段话我不禁深深感到，对于大拙来说，"众生无边誓愿度"并非是由上向下伸出援手的救世主意识，而是"存在一般的苦、世界苦，或者说是宇宙苦"，对这一切苦的深切同感和透彻观察，以及由此产生的一种无可奈何的祈祷之心。大拙的"大悲"并非教理上的"由上向下"式"拔苦与乐"（拔去众生之苦，给予众生以乐）的定义，而就是字面意思的"巨大的悲哀"。

"大智"的作用不是"空虚"，而是以无限的"大慈"为根本。"大智"和"大悲"表里一体，实践"众生无边誓愿度"行为的是"人"——前面这段话正是《日本的灵性》一书的结论，也是大拙思想的结论。

虽然这是结论，但还不是终点。西田在日本战败那年（1945）去世。大拙在那以后还继续活跃了二十多年，不仅在日本还在海外，不仅用日语还用英语，老骥伏枥，讲学和著述不辍。直到昭和四十一年（1966）7月12日以九十六岁高龄辞世那天为止，大拙的"大智"和"大悲"的脚步从未有过片刻停滞。

西田辞世已经七十年，大拙逝去也近半个世纪。对于他们来说，"禅"是对"外发"的西方近代化的"对抗原理"，这一点我们已经看到。

如今，世界发生着翻天覆地的变化。"禅"曾经对抗的对象，也就是西方近代化自身已经陷入泥潭，在"全球化"名义下世界以令人眼花缭乱的速度无组织地空洞地不断流动化地扩张。至今为止我们所信仰和尊崇的东西，一个接一个变得毫无价值。空洞的自我中心主义高声叫嚣着横行于世。这个时代

158

已经变成了不是谈论拥有什么思想的时代,而是怎样才能拥有思想,或者拥有思想到底有无意义,对这个根本问题产生怀疑的时代。"他人本位"的"空虚感"已经不只是发展中国家近代化过程中的部分知识分子的悲哀,而是包括发达国家——甚至可以说发达国家更为明显——在内的全世界的共同感受。"zen"(禅)在各地开始引起注目的理由,也许就是人们想从立足于"空虚"的生存方式中寻求救赎的一种潜意识的表现吧。

但是,如果只是寄身于"空虚"就了事的话,那也只不过是得过且过的自我安慰,只不过是对现实的逃避。如果说我们能够从"禅"中找到一种作为踏入接下来的世界的新力量,那不正是既是大拙的结论又是大拙的起点的"大智"和"大悲"吗?

大拙面对战争的残酷现实,说出的"存在一般的苦、世界苦,或者说是宇宙苦"这句话,早已穿越时空,同样适用于21世纪的今天。

我想,这样想的人应该不止我一个。

写在讲义之后——读书指南

　　四回《禅思想史讲义》结束了。讲义开头我已经说过,这次讲义的目标是尽可能用最简明的语言来阐述禅宗思想史的基本演变过程。不是精密细致的写实画,而是粗线条的漫画般一笔勾画禅宗思想史的轮廓。

　　不知我是否达到我的目标了呢?

　　我在讲义中没有进行详细的考证,只是简明扼要地将要点一一列举出来。也许有的朋友会问为什么会得出如此飞跃性的结论。也许有的朋友想要更深入地学习,那么请参阅以下拙著:

　　　　(1)《临济录——禅语录的语言与思想》(《臨済録——禅の語録のことばと思想》,岩波书店,2008 年)

　　　　(2)《禅宗的生成与发展》(《禅宗の生成と発展》,《新アジア仏教史》第七卷·中国Ⅱ隋唐,第 5 章,佼成出版社,2010 年;中文版,释果镜译,台湾法鼓文化,2016 年)

　　(1) 以《临济录》为中心,从学术上对禅语录进行解读。论述了从唐代禅问答到宋代公案禅的转换、20 世纪铃木大拙的禅思想等。这次讲义中涉及的主要问题,都在本书中通过对大量禅语录原典的精读,进行了详尽的考察。希望从原典开始学习禅宗的朋友,可能会感兴趣。

　　(2) 是唐宋时代禅宗史的概说。

　　如果有希望更深入学习的朋友,请参阅以下拙著(3)—(6)。这些著述通过对原典严密精细的解读——不是一笔勾勒

的漫画,而是细密精致的写实画——来刻画禅的思想史,是这次讲义的依据:

(3)《神会——敦煌文献与初期的禅宗史》(《神会——敦煌文献と初期の禅宗史》,临川书店,2007 年)

(4)《语录的语言——唐代禅》(《語録のことば——唐代の禅》,禅文化研究所,2007 年)

(5)《续·语录的语言——〈碧岩录〉与宋代禅》(《続·語録のことば——〈碧巌録〉と宋代の禅》,禅文化研究所,2010 年)

(6)《语录的思想史——中国禅研究》(《語録の思想史——中国禅の研究》,岩波书店,2011 年;中文版,何燕生译,复旦大学出版社,2015 年)

具体地说,这次讲义第一讲内容是(3),第二讲内容为(4)和(6)的第一章,第三讲内容为(5)和(6)的第二章,第四讲内容为(6)的第三章。和旧著不同的是,本讲义引用了新资料,在第二讲和第四讲中新增了对日本禅者(盘珪、道元、白隐)的考察,第四讲中也有大幅新增内容。

非常惭愧以上列举皆为拙著。当然,我并不是说只要参阅拙著就够了。在以上(1)(2)(3)著书后面附有参考文献的介绍,朋友们可以根据它扩大阅读范围,尤其是禅宗书籍原典。

另外,这次讲义以及上面提到的旧著,都没有涉及元代以后的禅宗史。我并不是说元代以后的禅宗史不重要,而是我自己力量有限。如果有想了解元代禅宗史的朋友,可以参阅以下论文:

(7)野口善敬《元、明的佛教》(《元·明の仏教》,《新アジア仏教史》第八卷·中国Ⅲ宋元明清,第 2 章,佼成出版社,2010 年;中文版,释果镜译,台湾法鼓文化,2015 年)

野口先生的巨著《元代禅宗史研究》(禅文化研究所，2005年)，论证严密，资料庞大(僧侣传记、著述一览、佛教关系年表、先行研究，等等)，是元代禅宗研究必不可缺的基础文献。

还有，这次讲义，也包括至今为止的拙著，我主要都是针对语录中的禅——禅问答和公案禅——进行论述。若要考察宋代以后的禅宗史和佛教史，不能忽视禅与诸宗派教义融为一体的思想史的变迁。关于这个问题，以下书籍可能会对朋友们有所帮助：

(8) 柳幹康《永明延寿与〈宗镜录〉研究——一心对中国佛教的再编》(《永明延寿と〈宗鏡録〉の研究——一心による中国仏教の再編》，法藏馆，2015年)

此书不只是关于延寿和《宗镜录》的个案研究，而是通过延寿自身的传记、后世对延寿人物像的放大、《宗镜录》的理论思想、此书在后世刊印普及的历史等问题，多角度地对中国近世佛教史的全貌——不能用"教禅一致""禅净双修"等来简单定义的佛教形成全过程——进行了考察。

其他还有很多这次讲义中没有提及的事项。以下(9)是富有创新意义的挑战性通史，用崭新视点再考初期到唐宋时代的禅宗史。(10)是教科书式的通史，网罗了初期到现代的中日禅宗史。(11)是关于中国、日本、朝鲜禅宗的详细研究史。

(9) 马克瑞(John. R. MacRae)《虚构上的真实——新中国禅宗史》(《虚構ゆえの真実——新中国禅宗史》，大藏出版，2012年)

(10) 伊吹敦《禅的历史》(《禅の歴史》，法藏馆，2001年)

(11) 田中良昭编《禅学研究入门·第2版》(《禅学研究入門·第2版》，大东出版社，2006年)

这次讲义中,第二讲提到盘珪,第三讲提到道元,第四讲提到白隐。前面我已经说过,这些都是我以前旧著中所没有言及的。关于这三个人,我没有按照历史年代的先后顺序,而是把他们分别纳入中国禅宗史中进行论述。我这样做有以下两个理由:其一,日本禅宗研究往往忽视对中国禅的理解,对于这种研究方法我感到怀疑;其二,为将来解读大拙巨著《禅思想史研究》打下基础。

《禅思想史研究》的结构很独特。第一章题为"盘珪禅",从与道元、白隐的比较中论述盘珪的特色。第二章是"从达摩到慧能",从新发现的敦煌文献研究初期禅宗。作为"思想史"来说似乎这个排列结构有些不可思议。这是因为大拙没有从时间顺序的历史视点来看盘珪、道元、白隐,而是从禅的思想类型来将他们三人分类,通过他们刻画出多面化统一体的自己的禅思想。也就是说,《禅思想史研究》不是狭义的历史研究,而是大拙禅思想"判教"的总论(参拙作《敦煌文献与盘珪——大拙的禅思想史研究》,《禅文化》第 237 号,2015 年 7 月)。

如果要理解大拙,这部巨著非读不可。可惜的是大拙没能写完全书,既刊部分也有很多是后人按照大拙的遗稿编集的,所以,要想把握它的整体结构恐怕很困难。我利用这次总结初期到唐宋时代的禅宗史的机会,先尝试着自己思考盘珪、道元、白隐三人到底与中国禅思想的哪方面相关联,如何关联,他们之间不同的地方又在哪里。如果不结合中国禅思想来看问题,就不能说明日本禅者的思想特征。如果没有一个连贯的思想史流程,那么就不可能理解试图从总体上来把握禅思想的大拙的著述。这次讲义没有停留在以往的旧著上,尽管只有那么一点点,但也算是迈出了新的一步吧。

我把本书命名为《禅思想史讲义》,不仅因为这是一部旨在把禅的思想史加以梳理贯通的讲稿,还因为我心中有个隐藏许

久的心愿。那就是我希望通过自己的这次尝试，将此书献给大
拙（1870—1966），以纪念他逝世五十周年，同时也作为自己研
究大拙的新起点。在这次讲义中，和前面三讲比起来，第四讲
详细讲述了一些新想法也是出于这个原因。对于我自己来说，
虽然本书还有很多不足之处，但也表达了我对大拙《禅思想史
研究》的尊敬。读了本书的朋友，请读一读《禅思想史研究》第
一章中以下一篇文章：

    （12）铃木大拙《日本禅中的三种思想类型——道元
禅、白隐禅、盘珪禅》（《日本禅における三つの思想類
型——道元禅、白隠禅、盤珪禅》，《铃木大拙全集》1）

这篇论文对道元的定位有些不妥，所以作为论文来说不算
成功。但是这也正好成为思考大拙思想独特性的线索。结合
今天的中国禅宗史研究与道元研究，对大拙提出的三种类型进
行批判性再考的是（13）的结论部分。我在第三讲中也提到过
的石井修道先生的论文。如果把它和（13）对比起来读的话会
很有意思的：

    （13）石井修道《日本达磨宗的性格》（《日本達磨宗の
性格》，《松ヶ岡文庫研究年報》第16号，2002年）

这篇论文首先把唐代禅（本觉的、盘珪式禅）和宋代禅（始
觉的、白隐式禅）进行对比，从宏观上为试图超越这二者的道元
定位。论文颇具启发性和刺激性，我的禅宗思想史研究从中受
益匪浅。

以上是读书指南。最后，关于本书的出版，我要感谢春秋
社神田明会长和泽畑吉和社长的关怀和厚意。同时还要感谢
总编辑佐藤清靖先生。佐藤先生不仅仅在编辑业务上，还在内
容方面给予了我许多宝贵的意见。当时，我刚刚连续出版了
《神会——敦煌文献与初期的禅宗史》（临川书店，2007年）、《语

录的语言——唐代的禅》（禅文化研究所，2007 年）、《临济录——禅语录的语言与思想》（岩波书店，2008 年）三本书。佐藤先生对我说："虽然三本书各自独立成册，但是可以从中读出彼此之间贯穿着的一条思想史的脉络。不过，即使像我这样习惯佛教书籍的人读起来也略感吃力。为了便于更多的读者阅读，能不能写一本简明易懂的、有一条明确的思想史线索贯穿前后的、禅宗入门的指南书呢？"

佐藤先生的话就是这本《禅思想史讲义》诞生的契机。虽然这已是几年前的事了，但现在回想起来我仍是觉得很怀念。

2015 年 6 月 8 日　小川隆

# 附录 1

## 西来无意——禅宗与佛教本土化

# 一、中国本来就有佛教么？

中国佛教的历史其实就是佛教中国化的历史，也可以说是佛教在中国本土化的历史。那么，本土化的最终形态是什么呢？那就是佛教的非外来化。中国僧侣如果能够由衷地相信中国本来就有佛教的话，那我们就可以说，佛教已经完全本土化了。

然而，实际上，真有这样的佛教么？——有。所谓最中国化的佛教"禅宗"就是。

按照禅宗的传说，"禅"也是菩提达摩从"西天"传过来的。因此，禅宗问答中提得最多的问题之一就是"如何是祖师西来意？"不过，有些禅宗僧侣竟说达摩西来之前，中国就有"西来意"，也有人说祖师西来并没有什么"意"，甚至还有人干脆说达摩根本没有来过中国。对他们来说，"禅"是土生土长的国产货，并不是一个外国和尚从西方带来的进口货。

那么，持如此说法的根据到底何在呢？本文的目的，即在于通过对唐宋禅宗语录的分析，试图就此问题进行探讨。以前的研究中，虽有涉及禅宗与佛教本土化的问题，但据笔者所见，他们往往视中国禅宗为一个整体，分析的方法也比较笼统，得出的一些结论，自然也存在许多值得商榷的地方。本文认为，唐代禅宗与宋代禅宗，虽然拥有共同关心的问题，但是，在思想方法上，则存在着很大的不同，而其代表性的例子，即是本文所要探讨的关于"祖师西来意"问答的理解与诠释。以下进入具体讨论。

# 二、祖师西来意

**1.“祖师西来意”与“即心是佛”**

对于“如何是祖师西来意”这一问题的回答,简直可以说是五花八门,看来似乎根本无法得到统一的解释。或曰“庭前柏树子”,或曰“坐久成劳”,还有人默默地拿起拂子,或者突然打一拳……唐代最有代表性的禅师马祖道一也不例外——

> 【资料 1】僧问:“如何是西来意?”师(马祖)便打,乃云:“我若不打汝,诸方笑我也。”
>
> (《景德传灯录》卷 6“马祖道一”,台湾真善美社等影印,《普慧大藏经》,1944 年,105 页)

学人只不过是问了一句“西来意”,为什么偏偏要挨打呢?马祖是不是太不讲理? 其实,“西来意”这个问题早就有一个共同的答案。马祖在他说法的开头就很明确地宣言——

> 【资料 2】汝今各信自心是佛,此心即是佛心。是故,达摩大师从南天竺国来,传上乘一心之法,令汝开悟。
>
> (《祖堂集》卷 14“马祖道一”,柳田圣山编《神学丛书》,中文出版社影印本,1974 年,260 页上)

达摩祖师千里迢迢地从“南天竺国”来,只不过是为了一件事,就是“传上乘一心之法”,让你确信“自心是佛,此心即是佛心”。他的再传弟子黄檗希运也说——

> 【资料3】 汝但除却凡情圣境,心外更无别佛。祖师西来,直指一切人全体是佛。汝今不识,执凡执圣,向外驰骋,还自迷心。所以向汝道:"即心是佛。"
>
> 　　(《传心法要》,筑摩书房,《禅语录》8,1969年,67页)
>
> 【资料4】 问:"何者是佛?"师云:"汝心是佛,佛即是心,心佛不异。故云'即心即佛'。若离于心,别更无佛。"云:"若自心是佛,祖师西来,如何传授?"师云:"祖师西来,唯传心佛,直指汝等心本来是佛。心心不异,故名为祖。若直下见此意,即顿超三乘一切诸位。本来是佛,不假修成。"
>
> 　　(《宛陵录》,筑摩书房,《禅之语录》8,1969年,117页)

　　黄檗的意思跟马祖完全一样。祖师西来唯一的目的,就是在于直指"即心是佛"这一事。

　　不过,"即心是佛"并不是个理论上的口号,而是自己身上本来具有的一个"事实"。所以,这个问题,问别人永远得不到真正的答案,应该问你自己才有出路。因此,坦然禅师问"如何是祖师西来意"时,老安国师说:"何不问自己意?"(《祖堂集》卷3"老安国师",55页下)还有一僧问西来意的时候,马祖说:"即今是什么意?"(《景德传灯录》卷6"马祖道一",台湾真善美社等影印,1944年,105页)意思很简单,该问的并不是过去达摩那老人家远道而来的意义,而是你"自己"这个人"如今"在这里的意义。除此之外,还能有什么"西来意"?

　　天柱山崇慧的下一段问答则把这一点说明得非常清楚——

> 【资料5】问:"达磨未来此土时,还有佛法也无?"师曰:"未来时且置,即今事作么生?"曰:"某甲不会,乞师指示。"师曰:"万古长空,一朝风月。"良久,又曰:"阇梨,会么?自己分上作么生?干他达磨来与未来作么?他家来,大似卖卜汉相似。见汝不会,为汝锥破卦文,才生吉凶。在汝分上一切自看。"
>
> (《景德传灯录》卷4"天柱山崇慧",66页)

这样看来,马祖突然打学人的意思(【资料1】)也不那么莫名其妙了。"西来意",不应该问我,而应该问你自己。我现在要狠狠打你一下,让你亲身体会到你自身的"西来意"。否则,你肯定会到处去打听"西来意"。那么"诸方笑我也"——丢脸的是我,而不是你。

### 2. 达摩不过来,二祖不传持

所谓"祖师西来意",其实就是直指"即心是佛"这一事。这一事并不是新来的理论,而是各人身上本来具有的事实。那么反过来,是不是也可以说达摩没带什么新的东西来,或者达摩到来之前,中国早有"西来意"?唐代禅宗真有人是这么说的。请看下面几个例子——

> 【资料6】道吾问:"初祖(达摩)未到此土时,还有'祖师意'不?"师(云岩)曰:"有。"吾云:"既有,更用来作什摩?"师曰:"只为有,所以来。"
>
> (《祖堂集》卷5"云岩昙晟",97页下)

中国本来就有"即心是佛"这一事,因此达摩才到中国来。要是没有这个事实,达摩来了也没什么东西可以"直指"了,那么,达摩祖师为何远道而来呢?

> 【资料7】问:"达摩未来时如何?"师(投子)曰:"遍天遍地。"僧曰:"来后如何?"师曰:"盖覆不得。"
>
> 　　　　　　　　　　　　　(《祖堂集》卷6"投子大同",112页上)

达摩还没来的时候,中国已经有"即心是佛"这一事,可以说是铺天盖地,处处皆是。但是,当初大家还没有认清这一事,后来被达摩"直指"一下,这事就明朗起来了,想掩盖也掩盖不住了。

> 【资料8】一日雪峰问曰:"阿那个是备头陀?"对曰:"终不敢诳于人。"异日雪峰召曰:"备头陀何不遍参去。"师曰:"达磨不来东土,二祖不往西天。"雪峰然之。
>
> 　　　　　　　　　　　(《景德传灯录》卷18"玄沙师备",343页)

有一日,雪峰禅师问他弟子玄沙师备说:"谁是你?"——真正的你自己到底是一个什么样的人?玄沙回答说:"我决不敢受别人的欺骗。"——我不外是我自己,这一点,别人说什么都改变不了。又有一日,雪峰叫玄沙说:"你怎么不去诸方行脚?"玄沙就说:"达磨从来没来过中国,二祖从来没去过印度!"——意思就是,达磨没传授过什么,二祖也没得到过什么,我也没有必要在外面奔波寻找一个"西来意"。雪峰认可了这一句,最终,玄沙哪儿都没有去(《祖堂集》卷10把玄沙第二句写作"达磨不过来,二祖不传持",189页上)。

对于"达磨不来东土"这一句话,法眼文益的如下一段话可以看作一个很好的注脚——

> **【资料 9】** 祖师西来,非为有法可传,以至于此。但直指人心,见性成佛。岂有门风可尚者哉?
>
> (《宗门十规论·党护门风不通议论第二》,
> 《续藏经》第 110 册,439c 页)

有僧问祖师西来意时,道吾圆智曾说过:"东土不曾逢。"——意思就是,在中国,没有一个人见过达摩大师。这句话与上述玄沙的话可能是相同的意思吧(《景德传灯录》卷 14,272 页)。

# 三、西 来 无 意

## 1. 任你"非心非佛",我只管"即心即佛"

大梅法常也是马祖的弟子之一。而且他也是悟到"即心是佛"这一道理而得以安身立命的。《祖堂集》卷 15"大梅法常"把这一段因缘写得很详细——

> **【资料 10】** 因一日问:"如何是佛?"马师云:"即汝心是。"师(大梅)进云:"如何保任?"(马)师云:"汝善护持。"又问:"如何是法?"(马)师云:"亦汝心是。"又问:"如何是祖意?"马师云:"即汝心是。"师进云:"祖无意耶?"马师云:"汝但识取汝心无法不备。"师于言下顿悟玄旨。
>
> (《祖堂集》卷 15"大梅法常",286 页上)

"如何是佛?""如何是法?""如何是祖意?"法常问得很迫切。但不管怎么问,马祖的回答就是一个:"即汝心是。"——你的心就是佛!你的心就是法!你的心也就是祖师意!

此后法常隐居在大梅山中。三十多年后,偶然被盐官的一个弟子发现。弟子问大梅:"师于马祖处得何意旨?"师(大梅)云:"即心是佛。"

盐官也是马祖的法嗣之一。他听到了这个消息后,就派自己的弟子再去找法常,问:"马师近日道'非心非佛'。"法常毫不犹豫,只回答了一句话——

> 任你"非心非佛",我只管"即心即佛"。

盐官听了弟子的汇报后,就叹息说:"西山梅子熟也。汝曹可往彼随意采摘去。"(以上据《祖堂集》卷15,286页上—287页上)

不管马祖怎样说,大梅对"即心是佛"这一信念一点都没有动摇。因为这不是马祖教给自己的,而是自己在自己身上领会到的。马祖说什么,跟自己有什么关系!


### 2. 西来无意

后来,大梅与盐官之间,曾有这样一段因缘——

> 【资料 11】有人问盐官:"如何是西来意?"官云:"西来无意。"僧举似师(大梅),师云:"不可一个棺里着两个死尸。"
>
> (《祖堂集》卷15"大梅法常",287页下)

有人问"西来意",盐官就说祖师西来并没有什么"意"。大梅闻之便说:一个棺材里,不能放两个尸体。——这一段比较好理解。盐官站在"非心非佛"的立场去否定"西来意",也就是否定"即心即佛"。对此,大梅站在毫不动摇的"即心即佛"的立脚点,予以反驳。在他来看,向别人问"西来意"的学人和不接受"西来意"的盐官,他们两人都是迷失了"即心即佛"这一个活事实的行尸走肉。因此,不得不说,他们是"西来意"这一个棺

177

材里的两个死尸。

但是，在《景德传灯录》卷7"盐官齐安"里，这一段却写成了这样——

> **【资料12】** 僧问大梅："如何是西来意？"大梅云："西来无意。"师（盐官）闻，乃云："一个棺材，两个死尸。"
>
> （《景德传灯录》卷7"盐官齐安"，124页）

文字与上面的《祖堂集》没什么两样，只是换了角色而已。不过，这种角色的交替，使得整个问答的含意也就变得完全相反了。大梅毫不动摇地坚持"即心即佛"这一信念，这个前提在《景德传灯录》里也没有变化。因此，上面一段话的意思就应该这样解释：大梅用"西来无意"这一句来表达"即心即佛"的信念，而盐官由"非心非佛"的立场去批评大梅唱老调。由盐官来看，学人与大梅不外是执着于一个"西来意"的两个死汉。

然而，"西来无意"这一句话怎样能表达出"即心是佛"的含义呢？"西来无意"这一句话与"西来意＝即心是佛"的等式，不是互相矛盾吗？

《临济录》里有这样一段话——

> **【资料13】** 问："如何是西来意？"师云："若有意，自救不了。"云："既无意，云何二祖得法？"师云："得者是不得。"云："既若不得，云何是不得底意？"师云："为你向一切处驰求心不能歇，所以祖师言：'咄哉！丈夫。将头觅头。'你言下便自回光返照，更不别求。知身心与祖佛不别，当下无事，方名得法。"
>
> （《临济录》，岩波书店，"岩波文库"，1989年，125页；《大正藏》第47册，502a页）

有人问"西来意"，临济就说，要是有"西来意"，那么达摩他连自身都救不了了；二祖"得法"，也不是说得到什么新的东西。人家只不过是放弃像"将头觅头"的"驰求心"，"回光返照，更不别求"，并体会到"身心与祖佛不别，当下无事"而已。"身心与祖佛不别"，意思等于"即心是佛"。简单地说，"西来意"就是认清"即心是佛"这一事，换句话说，只是重新发现原有的自己而已。所以，即使得到了"西来意"，在自己身上也并没有增添任何新的价值。——也就是说，"得者是不得"也。所以，反过来说，除了这原有的自己以外，并没有什么"西来意"可得。倘若真有那样的"西来意"可以增添给自己，那原有的自己再不可能是本来"与祖佛不别"的自己了。因此，临济说"若有意，自救不了"。——这就是"西来无意＝即心是佛"的等式逻辑。因此，"西来意"和"西来无意"，看起来好像意思完全相反，其实都能表示"即心是佛"的含义。只是一种是正面的表达，另一种是反面的表达罢了。

### 3. 平常无事

在上面一段话里，临济解释"西来无意"的内涵说："知身心与祖佛不别，当下无事。"这"无事"也可以看作"即心是佛"这一主旋律的变奏之一。因为现成的自己本来就与"祖佛不别"，所以，对自己身心不需要进行任何加工，也不应该加以任何的改造，只要"当下无事"罢了。这就是唐代禅宗，特别是马祖禅里很普遍的"无事"的思想。

马祖本人未曾使用"无事"一词，但他所说的"平常心是道"，其实就是表达了这种精神。他的弟子大珠慧海倒使用"无事"一词来表达同样的信念：

【资料 14】越州大珠慧海和尚上堂曰："诸人幸自好个无事人。苦死造作，要檐枷落狱作么？每日至夜奔波，道我参禅学道解会佛法,如此转无交涉也。只是逐声色走,有何歇时?贫道闻江西和尚道:'汝自家宝藏一切具足,使用自在,不假外求。'我从此一时休去。自己财宝随身受用。可谓快活!无一法可取,无一法可舍。不见一法生灭相,不见一法去来相。便十方界无一微尘许不是自家财宝。但自子细观察自心,一体三宝常自现前,无可疑虑。莫寻思,莫求觅。心性本来清净。……若不随声色动念,不逐相貌生解,自然无事去。莫久立,珍重。"

（《景德传灯录》卷 28"越州大珠慧海和尚语",
582 页)

马祖对他说的"汝自家宝藏一切具足,使用自在,不假外求",其实也是"即心是佛"的另一种表述。大珠根据这种指教,便说"无一法可取,无一法可舍",并用"无事"一词来概括这种思想。这种思想和用词,《临济录》中也出现了很多——

【资料 15】无事是贵人,但莫造作,只是平常。尔拟向外傍家求过觅脚手,错了也。

（《临济录》,岩波书店,"岩波文库",1989 年,
46 页;《大正藏》第 47 册,497c 页)

【资料 16】道流,佛法无用功处。只是平常无事。屙屎送尿,着衣吃饭,困来即卧,愚人笑我,智乃知焉。古人云:"向外作工夫,总是痴顽汉。"你且随处作主,立处皆真。境来回换不得。

（《临济录》,岩波书店,"岩波文库",1989 年,
50 页;《大正藏》第 47 册,498a 页)

<blockquote>
【资料 17】道流，大丈夫儿，今日方知本来无事。只为你信不及，念念驰求，舍头觅头，自不能歇。

（《临济录》，岩波书店，"岩波文库"，1989 年，56 页；《大正藏》第 47 册，498b 页）
</blockquote>

　　"屙屎送尿，着衣吃饭，困来即卧"——这种普普通通的"平常无事"的生活才是"祖师西来意"的具体表现。难道除此之外，还需要加上什么吗？在此，"西来"的"祖师意"已经成了此土众生日常生活的别名了。

　　总之，我们从以上论述可以得出这样一个等式，即"西来意 = 即心是佛 = 西来无意 = 平常无事"。至此，可以说佛教已经是彻底地非外来化了。在唐代的禅宗看来，佛教是我们家乡的地地道道的土产品，并不是经过本土化加工的进口货。

# 四、"西来意"的演变
## ——《碧岩录》与宋代禅宗

　　然而，本土化的最终点并不是思想发展的归宿。进口史的结束，其实就是国产史的新的起点。到了宋代，禅宗又走上了一个新的阶段，开始一边批评唐代禅宗思想，一边探求新的禅思想和修道方式。圆悟克勤与大慧宗杲可以说是这方面的代表性人物。本文以下暂拟以圆悟及其《碧岩录》为例进行探讨。

　　圆悟在《碧岩录》中，评论大梅和盐官的那一则说——

<blockquote>
【资料 18】不见僧问大梅："如何是祖师西来意？"梅云："西来无意。"盐官闻云："一个棺材，两个死汉。"玄沙闻
</blockquote>

> 云:"盐官是作家。"雪窦道:"三个也有。"只如这僧问祖
> 师西来意,却向他道西来无意。你若恁么会,堕在无事
> 界里。所以道:"须参活句,莫参死句。活句下荐得,永
> 劫不忘。死句下荐得,自救不了。"
>
> (《碧岩录》第 20 则评唱,岩波书店,"岩波文
> 库",1992 年,上册,271 页)

大梅和盐官二人各自的角色与《景德传灯录》相同,因此,大梅说的"西来无意",我们就可以理解为含有上述"西来意＝即心是佛＝西来无意＝平常无事"的逻辑等式。

但是,圆悟的理解完全相反(玄沙和雪窦的评论暂且不谈)。他不仅不承认这种思想,而且还批评说"你若恁么会,堕在无事界里"——如果把"西来无意"这一句话按照字面的意思去那么理解的话,人就难免堕落在"无事"的框框里。在此,"无事"已经不再是理想的境界了。"西来无意"也就变成了与字面的意思互不相关的"活句"了。

第 74 则评唱说——

> 【资料 19】今人殊不知,古人意在言外。何不且看祖师
> 当时初来底题目道什么?分明说道:"教外别传,单传
> 心印。"古人方便,也只教你直截承当去。后来人妄自
> 卜度,便道:"哪里有许多事?寒则向火,热则乘凉。饥
> 则吃饭,困则打眠。"若恁么以常情义解诠注,达磨一宗
> 扫土而尽。不知古人向二六时中,念念不舍,要明
> 此事。
>
> (《碧岩录》第 74 则评唱,岩波书店,"岩波文
> 库",1996 年,下册,31 页)

这里虽然未用"无事"一词,但在此遭受批评的"后来人妄自卜度"的见解——"哪里有许多事?寒则向火,热则乘凉。饥则吃饭,困则打眠",不就是典型的唐代禅宗式的自然而然的"无事"吗?圆悟说,按照这种见解来理解古人意,那么"达磨一宗扫土而尽"。他认为,达磨一宗的宗旨是与"无事"相反,要求学人"二六时中,念念不舍,要明此事"的。

第 45 则评唱中也说——

> 【资料 20】……谓之"悟了还同未悟时"。如今人尽作无事会。有底道:"无迷无悟,不要更求。只如佛未出世时、达磨未来此土时,不可不恁么也。用佛出世作什么?祖师更西来作什么?"总如此有什么干涉!也须是大彻大悟了,依旧山是山水是水,乃至一切万法悉皆成现,方始作个无事底人。
>
> (《碧岩录》第 45 则评唱,岩波书店,"岩波文库",1994 年,中册,146 页)

佛未出世时、达磨未来此土时,事事也都是如此。因此,佛的出世、祖师的西来,本来都是没有用的——这样的唐代式的"西来无意",圆悟把它叫作"无事会"而予以反对,并且要求学人"大彻大悟"。但是,圆悟还说"大彻大悟了,依旧山是山水是水,乃至一切万法悉皆成现,方始作个无事底人"。这也叫"悟了还同未悟时"。

我们从此可以看出一个圆形的修道模式,即:"未悟(0 度)→悟了(180 度)→还同未悟时(360 度)","无事(0 度)→大彻大悟(180 度)→无事(360 度)"。这种模式在第 9 则评唱中也讲得很详细——

【资料 21】有般底人道:"本来无一星事,但只遇茶吃茶,遇饭吃饭。"此是大妄语,谓之未得谓得,未证谓证。元来不曾参得透,见人说心说性,说玄说妙,便道:"只是狂言,本来无事。"可谓一盲引众盲。殊不知,祖师未来时,那里唤天作地,唤山作水来?为什么祖师更西来?诸方升堂入室,说个什么?尽是情识计较。若是情识计较情尽,方见得透。若见得透,依旧天是天,地是地,山是山,水是水。

(《碧岩录》第 9 则评唱,岩波书店,"岩波文库",1992 年,上册,146 页)

圆悟在这里一面反对唐代禅宗式的自然而然的"本来无事",一面要求"见得透"。所谓"见得透",其实就是"大彻大悟"。最后,还得是"依旧天是天,地是地,山是山,水是水"。

在这里我们也可以看出与上一段相同的圆形模式,那就是"山是山,水是水(0 度)→唤天作地,唤山作水(180 度)→依旧山是山,水是水(360 度)"。圆悟一边批评 0 度的"无事",一边又承认 360 度的"无事"。而关键就是,在这两者中间,不可缺少 180 度的大反转——"唤天作地,唤山作水"。而圆悟所说"祖师未来时,那里唤天作地,唤山作水来?为什么祖师更西来?"——意思就是指祖师西来以后,中国才有这"大彻大悟""唤天作地,唤山作水",达磨就是为了传授这 180 度的大反转而远道西来的。

与唐代相反,"祖师西来意"一词在此竟成了"无事"的反义词,成了与"大彻大悟"同义的词语了。这并不仅仅是一个词语含义的变化,而是表示无条件地承认现有的自己的唐代禅宗,业已转换为打破现有的自己而追求开悟的宋代禅宗了。这也许同时又是整个中国思想史上的从魏晋玄学到宋明理学之间的至关重要的一个思想转变。

## 【参考文献】

衣川贤次《古典の世界：禅の語録を読む(2)》(月刊《中国語》,内山书店,
　　1992 年 12 月号)

土屋太祐《北宋期禅宗の無事禅批判と圜悟克勤》(《東洋文化》第 83 号
　　《特集─中国禅》,东京大学东洋文化研究所,2003 年)

土屋太祐《公案禅の成立に関する試論─北宋臨済宗の思想史》(《駒沢大
　　学禅研究所年報》第 18 号,2007 年)

小川隆《語録のことば》(1)─(24)(月刊《傘松》第 715─738 号,大本山永
　　平寺,2002 年 4 月─2005 年 3 月)

小川隆《〈碧巌録〉雑考》(1)─(18)(季刊《禅文化》第 185─202 号,禅文化
　　研究所,2002 年 7 月─2006 年 10 月)

小川隆《禅者の後悔─〈碧巌録〉第九十八則をめぐって》(《禅学研究の諸
　　相》,大东出版社,2003 年)

小川隆《庭前の柏樹子─いま禅の語録をどう読むか》(《思想》第 960 号
　　《特集─禅研究の現在》,岩波书店,2004 年)

小川隆《趙州の七斤布衫─禅問答の思想史》(《駒沢大学大学院仏教学研
　　究会年報》第 39 号,2006 年)

　　　　(本文原刊于《东亚佛教研究》第二辑,宗教文化出版
　　社,2014 年)

# 附录 2

## 小川隆谈日本禅宗

日本驹泽大学小川隆（Ogawa Takashi）教授的《语录的思想史——解析中国禅》近日问世，这是一部兼顾内外的禅思想研究著作，通过解读禅语录中的大量问答，考察禅在各个时代如何被理解，如何被表达。小川教授80年代曾在北京大学留学，中文流利，十分幽默。借小川教授在复旦大学文史研究院演讲之机，《上海书评》请他谈了日本禅宗的历史脉络及特色。

日本禅宗是从中国传入的，与中国禅宗有何区别？

**小川隆：**现代学者当然把日本禅宗和中国禅宗作了完全的区分。但按照现代的国名、国境来区分过去的历史和文化，这完全是现代人的看法。在过去禅宗和尚的心目中——至少在主观上——根本没有中国禅和日本禅的区分，大家都相信自己修的就是"禅"，都相信自己修的和中国祖师修的是一样的"禅"。

他们能够有这种坚信的根据是"传灯"系谱。很多宗教有教主和圣典，比如基督教，耶稣是教主，《圣经》是圣典。这样有教主和圣典的宗教可以比作电视。教主和圣典是电视塔，信仰者只是单向地接收信号。禅宗不一样，禅宗没有绝对的教主和圣典，只有"传灯"系谱理念，也就是只有无数的祖师的网络和他们的语录，所以禅宗可以比作互联网。每个禅者都是网络的一部分，可以收信，也可以发信，可以互相链接。得到某一位禅宗和尚的"印可"，意味着自己也成为这个禅宗"传灯"系谱的一部分。所以自己的"悟"跟六祖的"悟"是一样的，六祖的"悟"跟达摩的"悟"是一样的,达摩的"悟"跟释迦牟尼的"悟"也是完全一样的。禅宗的人所信仰的就是这"传灯"系谱的全体,并不是某一个人或某一部书。这观念中没有历史的变化和发展,也没有地区的区别。因此,只要相信这系谱,禅宗的人就能够跨越国境、语言、文化的界限而直接加入"禅宗"这一"想象的共同体"。所以从表面上看,中国禅宗和日本禅宗有很多不同的地方,但在日本禅宗和尚的心目中,自己继承的就是禅宗系谱,跟中国和印度没有差别。我看在 20 世纪后禅宗之所以能够广泛地传播到欧美国家,可能跟这种观念也有着很密切的关系。

禅宗在日本一直传承至今,影响了日本人生活方式的许多方面,相比之下中国人生活方式中禅宗的遗迹就比较少……

**小川隆:**是的,可以说禅宗的影响渗透到了日本人生活的每一个角落,而且已经很自然而然,乃至于大家都没有意识到这一点。明治时代,日本很努力地开始现代化,确立了学校制度、军队制度。在建立学校、军队的生活规矩时,日本的指导者参考了禅宗寺院的生活方式。所以,通过学校和军队制度,禅宗的种种习惯和做法渐渐地渗透到了日本人的生活之中,但大部分人不知道这是禅宗的影响。比如日本人吃饭会吃得干干净净,吃完饭后会整整齐齐收拾起来,哪怕在饭店里花钱吃饭也是这样。还有日本的学校教育很重视打扫。不用说教室、走廊,甚至连厕所都叫学生自己打扫。我不知道中国的学校是否有让学生打扫厕所的? 在日本,把自己的校园打扫得一干二净,被认为是教育很重要的一部分。我看这些都是受了禅宗"僧堂"生活的影响。

日式家居、园林美学,比如枯山水,是否也是受禅宗影响?

**小川隆:**美国哥伦比亚大学有一位研究日本文学的专家唐

纳德·基恩(Donald Keene)很有名,2011 年日本大地震后他归化日本籍,改名"鬼怒鸣门",现在已经九十多岁了。他有一本书叫《足利义政与银阁寺:缔造日本心灵》(*Yoshimasa and the Silver Pavilion: The Creation of the Soul of Japan*, Columbia University Press, 2003,日文版《足利義政と銀閣寺》,中公文库,2008)。据这本书,足利义政是日本室町时代的一位将军,对政治几乎没什么影响力,但在文化上颇有天赋,他创造了那个时代的独特文化——东山文化(金碧辉煌很豪华的金阁寺,代表的是北山文化;而银阁寺代表的就是东山文化,是很枯淡的,有点儿苦涩的味道)。普通人眼中所谓日本文化的代表形象,就是东山文化的形象,比如一般人家中榻榻米的客厅里要有"床"(不是睡觉那种,也叫"床之间"),"床"里要有一幅字或画,前面放一瓶插花,旁边有一套高低搁板……这是日本人心目中最典型的传统房屋构造,也是自东山文化才开始有的。这里面就有比较浓厚的禅宗影响,很多地方是由禅宗寺院的样式演变出来的。

但我可能太强调禅宗的影响了,其实在镰仓、室町时代,禅宗不只是佛教宗派,而且是接收中国文化最重要的或唯一的渠道。通过来往中日之间的和尚,引进了很多宋元文化。其实禅宗独特的文化和通过禅宗引进来的宋代文化是很难分清的。

还有一点要补充的是,在室町时代成立各种新的"传统"文艺的时候,他们特地把自己的系谱连接到禅宗的"传灯"系谱上,比如,日本茶道传说是从大德寺的一休和尚传下来的(就是那个一休,但动漫里的小和尚形象是后代的故事中创造出来的)。

**您觉得欧美学者研究禅宗的方法有什么不一样?**

**小川隆:**欧美学者我熟悉的不算多,但知道现在六十岁以上的研究禅宗的学者通常都有参禅的经验,比如已故的马克瑞教授(John R. McRae,1947—2011)。他们的青年时代,刚好碰到上世纪 70 年代的嬉皮士运动,反对越战、反抗一切、留着长头发、穿着牛仔裤、弹吉他唱歌……参加完运动后,很多人通过铃木大拙的书对禅宗产生了兴趣。美国有很多禅中心,可以去坐禅(乔布斯虽然比他们年轻一些,但也有类似的经历)。有了这些经验之后,再去大学从事禅宗研究(有位美国教授曾经告诉过我,美国的公立大学不许教员把自己的宗教背景带进教室里,所以很多学者不太愿意公开讲自己有这种经历)。而且 70 年代中国还没有恢复正常的学术研究,所以在他们的心目中,禅宗是日本的东西,而且禅宗研究最发达的是日本,于是纷纷来日本留学。马克瑞教授和法国学者伯兰特·佛尔(Bernard Faure)教授也都是 70 年代在京都留学,师从柳田圣山教授(1921—2006)。所以,欧美六十岁以上有名的禅宗研究者,在思维和方法上,本来跟日本学界的做法是一样的。

但美国学界竞争很激烈,不能不赶时髦,标新立异。他们开始吸收很多后现代的成分,佛尔是地地道道用后现代思想来分析禅宗的问题。后来马克瑞教授也跟着开始运用后现代思想了。他有两部代表性著作,一本是《北宗禅与早期禅宗的形成》(*The Northern School and the Formation of Early Chan Buddhism*,University of Hawai'i Press,1986;中文版,韩传强译,上海古籍出版社,《觉群佛学译丛》,2015),这完全是柳田圣山式的客观、实证的研究;另一本是《由禅谛观》(*Seeing through Zen: Encounter, Transformation, and Genealogy in Chinese Chan Buddhism*,University of California Press,2003),暂时还没有中译本。我们跟马克瑞教授关系一直很好,一起聊天的时候经常用中文叫他"马老师"。他辞去美国的教职搬来日本后,我们帮他出了这本书的日文版(《虚構ゆえの真実——新中国禅宗史》,大藏出版,2012)。在翻译的过程中,我深深感到里面的东西还是很正宗的禅宗史,后现代好像只不过是一种包装而已。但是,我觉得能除掉这张花花绿绿的包装纸而看到里面的东西的人倒很少。

欧美学者对日本禅宗介入政治和战争有一些看法和批评,比如布莱恩·维多利亚的《战争中的禅》(*Zen at War*)已经有日文版了。当时美国学者批评西田几多郎、铃木大拙等人的暧昧态度,好像跟战争有默契。但是,近来也有些人根据资料指出,有些日本的禅学者实际上参加了一些反战活动。本应保持沉默、保持超越态度的禅学,跟战争、政治是什么关系?

**小川隆:**上世纪 90 年代,美国几位学者批评日本禅宗在二战中助力战争,拿禅的神话来强化日本的民族主义。这在当时冲击确实是很大的,美国学者指出来的的确是事实,有些禅宗和尚很积极地介入了战争,把钱和飞机捐给军队。这些批评我们应该虚心地接受。但他们批评铃木大拙的做法,难免令人觉得不公平。他们在材料选择上有先入为主的偏见,而且引用材料往往是断章取义,经常歪曲了铃木的原意。

不过,日本确实有过政府走向战争,禅宗也就跟着一起走的倾向。这一点还是不能否认的。日本禅宗的传统直接联系到中国宋代的禅宗。无论是宋代禅宗,还是日本江户、明治时代的禅宗,一直是高级的精英阶层的宗教,是统治阶级的宗教,所以一直跟政府和执政者保持着很密切的关系。比如,大慧宗杲可以说是宋代最有名、最有影响力的一位禅师(《水浒传》里,为鲁智深主持葬礼的也是他。这固然是小说中的虚构,但反过来说明大慧在民间也有很大的名气)。大慧说:"菩提心则忠义心也……予虽学佛者,然爱君忧国之心,与忠义士大夫等。"

（《大慧普觉禅师语录》卷 24《示成机宜》）他是属于抗金派士大夫的圈子。因此张九成他们受到秦桧一派的压迫时，大慧也连坐被迫还俗。过去日本禅僧也经常有同样的倾向。

禅宗是很强调超越生死的，是有哲学含义的；但一到武士道里，就变成了不怕死的哲学，好像修了禅，就不用怕死。所以，有很多武士、武术家都参禅。而禅宗也难免受到武士道的影响，它们之间有互动的关系。

明治时代的禅宗，他们想从危险的地方把自己拯救出来，想重新振兴禅宗，于是不得不跟政府有一种互相合谋的关系，比如铃木大拙的老师释宗演，随军到旅顺，类似于欧美军队中的传教士，这是日本特殊的历史结构。具体到像铃木大拙这样的学者，到底是默许了战争，还是说他试图用慈悲、和平来抵消战争的残酷？铃木大拙在 20 世纪 30—40 年代的生活和处境是怎么样的？

小川隆：我指导的一个新西兰的留学生，他去年撰写的博士学位论文，就是关于铃木大拙的研究，材料来源于最近刚公开的铃木大拙英文日记（Stefan P. GRACE《鈴木大拙の研究——現代"日本"仏教の自己認識とその"西洋"に対する表現》，http：//repo. komazawa-u. ac. jp/opac/repository/all/35506/ko75.pdf）。在日记中，铃木大拙写了很多批判战争、反对战争的话，他内心里肯定是反对战争的，而且很讨厌军队。战后出任首相的吉田茂，战前就秘密从事终战的活动，有这样的一圈人，铃木跟他们是朋友。日本海军中也有一个小集团，在秘密从事终战工作。据说铃木大拙和西田几多郎也参加他们的会议。他们内心反对战争，是可以肯定的，只是他们没有公开站出来反对战争。我看当时这是不得已的。但按照维多利亚教授的标准来说，不公开反对就等于默许，不当烈士就是卑鄙的胆小鬼了！

　　铃木大拙当初好像比较乐观地相信"禅体西用"，以禅做无形的原理（"无分别"），从而很好地、有效地接收并活用西方现代文明（"分别"）。但到了战争时代，据我理解，他似乎感到"禅体西用"有限度，感到自身"无分别的分别"哲学的无力——原本相信"禅体"（"无分别"）和"西用"（"分别"）能自然而然地和谐起来，但一到战争时代，就是现代文明"暴走"的时代，就不能不感到这种想法的无力。所以，他后来很强调"大悲"（大慈大悲）。在战争之前，他也有这样的说法，但二战快结束时，他特别强调智慧和慈悲的连接。当初是"禅体西用"，后来是"慈悲为体、智慧为用"。"大悲"这个词本来是普通的佛教术语之一，但也许只是我的个人感受，在铃木大拙的文章里，"大悲"的意思是很大的悲哀，有这样的感情色彩。所以二战后，他八九十岁了还鞭策老躯很刻苦地去美国、欧洲、印度等地讲学，还写作，把这个当作自己永远不能放弃的"菩萨行"。我觉得那些西方学者似乎没有看到铃木大拙心灵的深处。美国学者批评日本的某些方面，正确是正确，但根据现代的标准对过去的思想家"判刑"是正当的吗？

　　不过，看来最近美国学界也开始有变化。比如美国杜克大学的理查德·贾菲（Richard M. Jaffe）教授给铃木大拙的《禅与日本文化》2010 年版写了一篇导论（"Introduction to the 2010 Edition"，*Zen and Japanese Culture*，Princeton University Press，2010）。这篇文章用很多新的资料，从一个很公正的观点重新介绍和评价铃木大拙，使我受益不浅，而且很感动。我就把它翻成日文并登在日本的杂志上（《今、大拙を読む》，《思想》第1082 号，岩波书店，2014 年 6 月）。贾菲教授正在出版英文版铃木大拙选集五卷和铃木大拙读本一卷。我希望中国学者讨论铃木大拙时，也多注意他的工作。

您所在的驹泽大学属于曹洞宗,学校会要求学生亲身实践吗?

**小川隆:** 在佛学系,坐禅是一门必修课。我们学校有很好的坐禅堂。其他学部的学生,没有强制性要求,但会开几门坐禅的自由选修课,挺受欢迎的。因为能坐禅的人数有限,需要提前报名。很多学生选不上坐禅课会觉得很遗憾。

那曹洞宗的坐禅课与其他学校的坐禅课相比,有什么特色?

**小川隆:** 一般的学校可能没有坐禅课,禅宗学校才有,比如临济宗的花园大学等。两个宗派的坐禅方法不一样。临济宗的方法是参公案,要在老师的指导下,参几个公案。大家知道"只手"公案吧?两个巴掌可以发出声音,你去亲耳听取一个巴掌的声音!——这是日本江户时代的白隐禅师创造出来的公案,被翻成"one hand clapping",据说在欧美国家也很有名。中国最有名的公案是"赵州无字",僧问"狗子还有佛性也无?"赵州回答道:"无!"这是大慧宗杲最常用的公案。这些公案永远都没有办法用逻辑来解决,要通过坐禅,不要用脑袋而要用全身来参究这些公案。而曹洞宗的坐禅是"只管打坐"。在坐禅的过程中,不考虑任何问题,就纯粹坐禅。

曹洞宗和临济宗差别如此之大,双方会为此争吵吗?

**小川隆:** 现在没有,我听说过去会在背后互相指责。我们读本科的时候,在课堂上,也听过很多临济宗的坏话。教我们坐禅的一位老师,年轻的时候也修行过临济宗,他经常说临济宗的坐禅是通过公案追求开悟的,这样有目标的坐禅,是很贪心的,很低级的。我们曹洞宗,只管打坐,什么要求都没有,这才是真正的坐禅。反过来,临济宗就觉得,曹洞宗只知道呆呆地坐,跟死人一样。这两种禅法的对立远远地起源于宋代的"看话禅"和"默照禅"的对立(虽说是对立,实际上是临济宗的大慧宗杲单向地攻击曹洞宗是"默照邪禅")。

那在日本,曹洞宗和临济宗谁的信众比较多?

**小川隆:** 这是个很复杂的问题。作为一个教团来说,曹洞宗是很大的,临济宗是很小的。曹洞宗的宗主是道元禅师,但他开宗立派后,很快就去世了。后来曹洞宗吸收了很多民间宗教的因素,发展成为一个大教团。临济宗一直保持着禅宗的传统,规模虽小,但对日本的统治阶级影响力相当大。比如,安倍晋三也常去一座临济宗的寺院打坐。

您怎么评价中国学界的禅宗研究?

**小川隆:** 中国当然有很多很优秀的学者,有很多很出色的著作。胡适《神会和尚遗集》(亚东图书馆,1930;胡适纪念馆,1968新版)、葛兆光《中国禅思想史——从六世纪到十世纪》(北京大学出版社,1995;上海古籍出版社,2008增订本)、孙昌武《禅思与诗情》(中华书局,1997;2006增订本)和周裕锴《禅宗语言》(浙江人民出版社,1999)是我一直崇拜的四大经典。还有最近看了贾晋华《古典禅研究:中唐至五代禅宗发展新探(修订版)》(上海人民出版社,2013),收获也很大。

从外边看,中国的禅学研究可以分为几个系统:哲学系的研究,历史系的研究,中文系的研究。而中文系的研究也有两大系统:从文学角度的研究,还有现在中国学界很盛行的汉语史研究。这四个系统的研究,个个都有很丰硕的成果,但好像都分开进行,似乎没有有机地连接起来,这不得不让人感到遗憾。但周裕锴《禅宗语言研究入门》(复旦大学出版社,2009)已经给我们开示了一条突破这种情况的新路。其实,日本的情况也一样。现在学问领域分得越来越细,每个领域之间都是风马牛不相及,真没有办法沟通。

还有一个问题,中国的禅宗研究和日本的禅宗研究之间,好像也是风马牛。这可能是因为现在的学术界——中国也好,日本也好——都不够重视翻译这项工作的缘故。翻译拙作的何燕生教授在"译后记"里说:"其实翻译是一项吃苦不讨好的工作……特别是时下翻译甚至连学术成果都可能算不上的环境下,翻译这类劳动,尤其对于年轻学者来说,的确有点不太划算。"(《语录的思想史——解析中国禅》,复旦大学出版社,2015年,316页)我觉得,这种情况并不是翻译工作者的不幸,而是读者的不幸。今后我也要多做一些这方面的翻译工作。

（盛韵采访,石伟杰整理。本文原刊于《东方早报·上海书评》,2015年10月25日）

# 译 者 后 记

　　去年春天,在建长寺举办的镰仓禅研究会上,小川隆老师就唐代禅宗进行了演讲。演讲充满魄力,令我深受感动。会后我去向小川老师道谢。没想到老师突然从包里拿出一本《禅思想史讲义》来,说是送给我。随后又说:"我正好在找人帮我把这本书翻译成汉语呢。彭丹你能帮我吗?"

　　面对小川老师的委托,我感到很为难。第一,我不是禅宗研究者。虽然因为兰溪道隆和尚(1213—1278)的缘故我有幸进入了禅宗的世界,但这日子还很浅,我只是个初学者。第二,虽然我是中国人,但我在日本生活的时间较长,作为日中比较文化的研究者,我习惯了用日语写作,用汉语写文章的机会反而不多。而小川老师是日本禅宗研究界首屈一指的学者,我没有信心能翻译好这本著作。于是我犹豫着想寻找一个好理由来拒绝。

　　可是回到家后,我翻开了小川老师送我的《禅思想史讲义》。诞生于中国的禅宗,兴于唐代,盛于宋代,远渡日本,后又经日本传至西方。小川老师用简明易懂的语言阐述了这一禅宗思想史。我头脑里一直以来模糊不清的"禅"这时突然变得清晰生动起来。不知不觉中我被《禅思想史讲义》深深吸引。

　　刚好也是这个时候,我因为手中的课题需要频繁前往镰仓。有时候去建长寺坐坐禅,有时候去听吉田正道长老解读《兰溪和尚语录》,有时候也去圆觉寺参加横田南岭长老主持的《佛光国师语录》学习会。做这些事情的同时,我会不由自主地想到《禅思想史讲义》的内容。比如,建长寺就是讲义第三讲《宋代禅》的根据地,因为开山祖师是宋代西蜀出生的兰溪道隆和尚;又如圆觉寺,正是第四讲《20世纪的禅》的舞台,这里到处留着铃木大拙先生的足迹。而第一讲《初期禅》和第二讲《唐代禅》荡漾着唐代的气息,时时弥漫在我最喜欢的唐诗里。小川老师对唐代祖师们的憧憬令我深有同感。

想起前年回家乡重庆时在机场书店看到一些五花八门的禅宗书籍。禅宗起源于中国,禅宗文化是祖先留给我们的宝贵遗产。说到禅,我们总会有一种说不出来的亲切感。"菩提本无树"之类的故事我们也略知一二。可是,禅究竟是什么?对此我们并没有一个明确的认识。也许是时代使然吧,解决了温饱问题的我们,意识到要寻求心灵的慰藉了。

那么,小川老师的《禅思想史讲义》不正是适应这个时代之需的珠玉之作吗?它不像那些生硬难懂的论文,而是简单明了地为一般读者送上了一把开启禅宗大门的钥匙。

创立禅的祖师们为什么要进行那些"匪夷所思"的问答?日本研究者小川隆老师又为什么孜孜不倦对那些"匪夷所思"的禅问答付出他半生的心血?怀着这些疑问,我接受了《禅思想史讲义》的翻译任务。尽管如此,我心中仍是忐忑不安。但愿我晦涩幼稚的文笔,能将禅宗祖师们的精神和小川老师的思想与热诚,转达给中国的读者们。

本书中文版的出版,承蒙复旦大学出版社编辑王汝娟女士的大力协助,同时还得到了东京大学印度哲学佛教学专业博士研究生余新星先生对译稿提出的宝贵建议,在此一并表示感谢。

彭　丹

**图书在版编目(CIP)数据**

禅思想史讲义/[日]小川隆著;彭丹译. —上海:复旦大学出版社,2017.12(2021.5 重印)
(日本汉学家"近世"中国研究丛书 / 朱刚,李贵主编)
ISBN 978-7-309-13331-8

Ⅰ. 禅… Ⅱ. ①小…②彭… Ⅲ. 禅宗-思想史-研究-中国 Ⅳ. B946.5

中国版本图书馆 CIP 数据核字(2017)第 262235 号


ZEN SHISO-SHI KOGI
by OGAWA Takashi
Copyright © 2015 OGAWA Takashi
All rights reserved.
Originally published in Japan by SHUNJU SHA, Tokyo.
Chinese (in simplified character only) translation rights arranged with
SHUNJU SHA, Japan
through THE SAKAI AGENCY and BARDON-CHINESE MEDIA AGENCY.


上海市版权局著作权合同登记图字:09-2018-086 号


禅思想史讲义
[日]小川隆 著 彭 丹 译
责任编辑/王汝娟

复旦大学出版社有限公司出版发行
上海市国权路 579 号 邮编:200433
网址:fupnet@fudanpress.com http://www.fudanpress.com
门市零售:86-21-65102580 团体订购:86-21-65104505
出版部电话:86-21-65642845
常熟市华顺印刷有限公司

开本 890×1240 1/32 印张 6.5 字数 144 千
2021 年 5 月第 1 版第 2 次印刷

ISBN 978-7-309-13331-8/B·646
定价:45.00 元

如有印装质量问题,请向复旦大学出版社有限公司出版部调换。
版权所有 侵权必究